吉林财经大学资助出版图书

中国国有企业发展混合所有制的契约问题研究

刘仲仪／著

吉林大学出版社
·长春·

图书在版编目（CIP）数据

中国国有企业发展混合所有制的契约问题研究 / 刘仲仪著. -- 长春：吉林大学出版社，2020.3
ISBN 978-7-5692-6219-3

Ⅰ.①中… Ⅱ.①刘… Ⅲ.①国有企业—混合所有制—研究—中国 Ⅳ.①F279.241

中国版本图书馆CIP数据核字(2020)第046447号

书　　名：中国国有企业发展混合所有制的契约问题研究

ZHONGGUO GUOYOU QIYE FAZHAN HUNHE SUOYOUZHI DE QIYUE WENTI YANJIU

作　　者：刘仲仪　著
策划编辑：黄国彬
责任编辑：马宁徽
责任校对：王　洋
装帧设计：刘　丹
出版发行：吉林大学出版社
社　　址：长春市人民大街4059号
邮政编码：130021
发行电话：0431-89580028/29/21
网　　址：http://www.jlup.com.cn
电子邮箱：jdcbs@jlu.edu.cn
印　　刷：北京一鑫印务有限责任公司
开　　本：787mm×1092mm　　1/16
印　　张：9.5
字　　数：150千字
版　　次：2020年3月　第1版
印　　次：2021年1月　第2次
书　　号：ISBN 978-7-5692-6219-3
定　　价：42.00元

版权所有　翻印必究

前　言

中国共产党第十八届三中全会提出了中国国有企业发展混合所有制的国有企业改革新方向。回顾中国国有企业发展混合所有制的历程，大致经历了萌芽（1980—1993年）、实践探索（1993—2013年）和深化发展（2013年至今）三个发展阶段。中国国有企业发展混合所有制的历程表明，中国国有企业的混合所有制改革取得了阶段性成绩，但仍然存在诸多制约和影响混合所有制契约关系发展的客观问题，为此，研究中国国有企业发展混合所有制的契约问题对于促进中国国有企业的混合所有制深化发展尤为必要。

本书从中国国有企业发展混合所有制的契约关系演进角度，梳理和提出中国国有企业发展混合所有制存在的混合顾虑、逆向选择、混合目标冲突、资产专用性投入不足与搭便车、敲竹杠与控制权争夺，以及单一所有制的低效率路径依赖等混合所有制契约关系发展问题，并综合运用完全契约理论、不完全契约理论和关系契约理论，对中国国有企业发展混合所有制的契约问题进行理论分析，最后从混合所有制契约关系发展的混合环境、混合所有制契约关系缔结的市场资源配置、混合所有制契约关系履行的治理体系、混合所有制契约关系发展的制度安排，以及混合所有制契约关系发展的政府监管体系五个方面提出完善和促进混合所有制契约关系发展的政策建议。

本书研究的是中国国有企业发展混合所有制的契约问题，全书共分为八章。

第1章是绪论。本章主要阐述了本书的研究意义与背景、研究思路与方法、研究框架与内容，以及研究创新与不足，并对国有企业发展混合所有制的已有相关研究进行文献综述与评析。

第2章是混合所有制契约问题研究的相关理论基础。本章首先对全书研究所需运用的经济理论进行理论概述，主要包括完全契约理论、不完全契约理论和关系契约理论。其次，在相关契约理论概述的基础上，重点提出本书研究的理论视角。

第3章是中国国有企业发展混合所有制的历程与契约问题。本章主要是回顾、总结国有企业发展混合所有制的历程及存在的契约问题。首先，本章把国有企业发展混合所有制划分为早期萌芽（1980—1993年）、实践探索（1993—2013年）和深化发展（2013年至今）三个阶段，并对各发展阶段的状况和特征进行概述。其次，在梳理国有企业发展混合所有制的现实历程基础上提出国有企业发展混合所有制存在的混合顾虑、混合壁垒、混合对象逆向选择、混合目标冲突、混合所有制资产专用性投入不足、敲竹杠、控制权争夺及制度路径依赖等契约缔结与契约履行问题。

第4章是中国国有企业发展混合所有制的契约缔结分析。本章主要围绕国有企业发展混合所有制在契约缔结中存在的具体问题进行理论分析。首先，在研究国有企业与私有企业比较优势的基础上得出国有企业发展混合所有制可以实现帕累托改进的基本论断，这一论断不仅是国有企业发展混合所有制的重要理论逻辑前提，同时也是破除混合所有制契约缔结中存在的混合顾虑与混合壁垒问题的理论支撑。其次，针对混合所有制契约缔结中存在的逆向选择问题，本章通过构建混合信息搜寻博弈模型，分析得出国有企业发展混合所有制的混合信息搜寻策略与最佳混合对象搜寻次数。最后，针对混合所有制契约缔结中存在的混合目标冲突问题，本章在分析国有企业发展混合所有制的多重委托代理关系与多任务目标的基础上,通过构建混合所有制双重任务、双重委托代理模型,得出满足国有企业与私有企业各自实现混合所有制发展目标的混合所有制激励契约设计。

第5章是中国国有企业发展混合所有制的契约再谈判分析。本章主要分析了国有企业发展混合所有制的初始激励契约的不完全性以及产生的混合所有制资产专用性准租占用、敲竹杠等问题,并由此得出,为实现混合所有制契约的优化与履行,国有企业发展混合所有制需要进行基于治理结构调整与剩余权利配置的混合所有制契约再谈判的基本观点。为此,本章构建了混合所有制资产专用性投入与治理结构模型,着重分析混合所有制契约再谈判的治理结构调整;通过构建混合所有制剩余权利配置模型,分析得出混合所有制剩余权利配置的合理范围。

第6章是中国国有企业发展混合所有制的契约履行分析。本章主要分析单一所有制制度的路径依赖性及由此产生的混合所有制契约履行效率损失的问题。制度变迁中的有限理性与路径依赖性决定了混合所有制并不完全,基于正式契约的混合所有制治理体系,在一次性博弈的条件下,混合所有制契约履行的效率损失难以避免,而基于重复博弈的混合所有制关系,契约治理可以作为混合所有制正式契约的有效补充。为此,本章主要分析了混合所有制关系契约的产生机理、实现条件以及治理结构选择,并在此基础上提出基于声誉机制的激励与信任机制保证的混合所有制契约履行的自动履约机制。

第7章是完善和发展混合所有制契约关系的政策建议。本章主要在国有企业发展混合所有制存在契约问题的理论分析的基础上,从国有企业发展混合所有制的混合环境、混合所有制契约关系缔结的市场资源配置、混合所有制契约关系履行的治理体系、混合所有制契约关系发展的制度安排和政府监管体系五个方面提出完善和促进混合所有制契约关系发展的政策建议。

第 8 章是研究结论与展望。本章主要是对全书研究结论的总结，并对进一步研究国有企业发展混合所有制的相关契约问题做一个研究展望。

本书通过构建契约理论综合分析框架，运用完全契约理论、不完全契约理论、关系契约理论，从理论和政策实践两方面研究了国有企业发展混合所有制的契约关系发展问题。本书可以作为高等院校财经类研究生和有一定专业基础的高年级经济学专业本科生的学术参考用书，也可作为政府主管部门和国有企业管理者深化混合所有制改革的决策参考用书。

本书的出版得到了吉林财经大学出版资助、吉林财经大学经济学院同仁的支持以及吉林大学出版社编辑老师的辛苦付出，值此书稿完成和出版之际，本书作者在此一并表示衷心感谢。由于作者水平有限，本书的错误和疏漏之处在所难免，敬请各位学者、专家和读者提出宝贵意见。

刘仲仪
2020 年 5 月于长春

目　　录

第 1 章　绪　论 ………………………………………………………… 1
　1.1　研究背景与意义 ………………………………………………… 1
　　1.1.1　研究的现实背景与意义 …………………………………… 1
　　1.1.2　研究的理论背景与意义 …………………………………… 3
　1.2　相关文献综述 …………………………………………………… 7
　　1.2.1　国外相关文献评述 ………………………………………… 7
　　1.2.2　国内相关文献评述 ………………………………………… 10
　1.3　研究思路与研究方法 …………………………………………… 12
　　1.3.1　研究思路 …………………………………………………… 12
　　1.3.2　研究方法 …………………………………………………… 13
　1.4　研究的主要内容及结构框架 …………………………………… 14
　1.5　创新与不足 ……………………………………………………… 17
　　1.5.1　创新 ………………………………………………………… 17
　　1.5.2　不足 ………………………………………………………… 17
第 2 章　混合所有制契约问题研究的相关理论基础 ………………… 19
　2.1　完全契约理论 …………………………………………………… 20
　　2.1.1　阿罗-德布鲁模型假设弱化与完全契约 ………………… 20
　　2.1.2　逆向选择模型 ……………………………………………… 21
　　2.1.3　委托-代理模型 …………………………………………… 23
　2.2　不完全契约理论 ………………………………………………… 27

    2.2.1 阿罗-德布鲁模型假设再弱化与不完全契约 ………… 27
    2.2.2 交易成本理论 ……………………………………… 29
    2.2.3 新产权理论 ………………………………………… 31
  2.3 关系契约理论 …………………………………………… 35
    2.3.1 关系契约的交易治理 ……………………………… 37
    2.3.2 关系契约的自我履约机制 ………………………… 38
  2.4 混合所有制契约问题研究的理论分析视角 …………… 42
  2.5 小　结 …………………………………………………… 43
第 3 章 中国国有企业发展混合所有制的历程与契约问题 ……… 44
  3.1 中国国有企业发展混合所有制的历程 ………………… 45
    3.1.1 中国国有企业发展混合所有制的萌芽阶段 ……… 45
    3.1.2 中国国有企业发展混合所有制的实践探索阶段 … 46
    3.1.3 中国国有企业发展混合所有制的深化发展阶段 … 47
  3.2 中国国有企业发展混合所有制存在的契约缔结问题 … 49
    3.2.1 混合所有制契约缔结的混合顾虑问题 …………… 49
    3.2.2 混合所有制契约缔结的混合壁垒问题 …………… 50
    3.2.3 混合所有制契约缔结的逆向选择问题 …………… 51
    3.2.4 混合所有制契约缔结的目标冲突问题 …………… 51
  3.3 中国国有企业发展混合所有制存在的契约履行问题 … 52
    3.3.1 混合所有制契约履行的资产专用性投入不足问题 … 52
    3.3.2 混合所有制契约履行的"敲竹杠"与控制权争夺问题 …
        ………………………………………………………… 53
    3.3.3 混合所有制契约履行的制度路径依赖问题 ……… 53
  3.4 小　结 …………………………………………………… 54
第 4 章 中国国有企业发展混合所有制的契约缔结分析 ………… 55
  4.1 中国国有企业发展混合所有制的帕累托改进 ………… 56
    4.1.1 国有企业的比较优势 ……………………………… 56
    4.1.2 私有企业的比较优势 ……………………………… 57
    4.1.3 混合所有制的帕累托改进 ………………………… 59

4.2 中国国有企业发展混合所有制的混合信息搜寻分析 ·············· 60
  4.2.1 混合所有制信息搜寻博弈模型 ·············· 61
  4.2.2 中国国有企业混合信息搜寻成本与搜寻策略选择 ········ 67
  4.2.3 中国国有企业混合对象搜寻的最佳次数决定 ·············· 69
4.3 中国国有企业发展混合所有制的激励契约设计分析 ·············· 70
  4.3.1 混合所有制多重委托代理关系与多任务目标 ·············· 71
  4.3.2 混合所有制双重任务双重委托代理模型 ·············· 71
  4.3.3 混合所有制股权分配与激励契约设计 ·············· 74
4.4 小　结 ·············· 75

第5章　中国国有企业发展混合所有制的契约再谈判分析 ·············· 77
5.1 混合所有制激励契约的不完全性与"敲竹杠" ·············· 78
  5.1.1 有限理性与混合所有制事后交易成本 ·············· 78
  5.1.2 混合所有制资产专用性准租占用与"敲竹杠" ·············· 80
5.2 混合所有制契约再谈判的治理结构分析 ·············· 82
  5.2.1 混合所有制资产专用性投入与治理结构模型 ·············· 82
  5.2.2 混合所有制治契约再谈判的治理结构调整 ·············· 85
5.3 混合所有制契约再谈判的剩余权利配置分析 ·············· 87
  5.3.1 混合所有制剩余权利配置模型 ·············· 87
  5.3.2 混合所有制契约再谈判的剩余权利的合理配置 ·············· 90
5.4 小　结 ·············· 91

第6章　中国国有企业发展混合所有制的契约履行分析 ·············· 93
6.1 混合所有制契约履行的路径依赖障碍 ·············· 94
  6.1.1 单一所有制的低效率路径依赖 ·············· 94
  6.1.2 混合所有制契约履行效率的路径依赖性损失 ·············· 97
6.2 混合所有制契约履行的关系契约治理分析 ·············· 100
  6.2.1 混合所有制关系契约的产生机理 ·············· 100
  6.2.2 混合所有制关系契约治理的实现条件 ·············· 101
  6.2.3 混合所有制关系契约的治理结构选择 ·············· 104
6.3 混合所有制契约履行的自动履约机制分析 ·············· 105

6.3.1　混合所有制契约履行的声誉机制激励 …………… 105
　　　6.3.2　混合所有制契约履行的信任机制保证 …………… 108
　6.4　小　结 ……………………………………………………… 110

第7章　完善与促进混合所有制契约关系发展的政策建议 …… 112
　7.1　完善混合所有制契约关系发展的混合环境 ……………… 112
　　　7.1.1　完善混合所有制契约关系发展的理念共识 ……… 112
　　　7.1.2　完善混合所有制契约关系发展的顶层设计与执行 … 114
　7.2　完善混合所有制契约关系缔结的市场资源配置 ………… 114
　　　7.2.1　完善混合所有制契约关系发展的混合边界 ……… 115
　　　7.2.2　完善混合所有制契约关系缔结的对象选择 ……… 115
　　　7.2.3　完善混合所有制契约关系缔结的契约激励约束 … 116
　7.3　完善混合所有制契约关系履行的治理体系 ……………… 117
　　　7.3.1　完善混合所有制契约关系履行的公司治理 ……… 118
　　　7.3.2　完善混合所有制契约关系履行的关系治理 ……… 120
　　　7.3.3　完善混合所有制契约关系履行的外部治理 ……… 121
　7.4　完善混合所有制契约关系发展的制度安排 ……………… 121
　　　7.4.1　完善混合所有制契约关系发展的产权制度 ……… 121
　　　7.4.2　完善混合所有制契约关系发展的现代企业制度 … 122
　　　7.4.3　完善混合所有制契约关系发展的信息披露制度 … 123
　7.5　完善混合所有制契约关系发展的政府监管体系 ………… 124
　　　7.5.1　完善混合所有制契约关系发展的法律监管体系 … 124
　　　7.5.2　完善混合所有制契约关系发展的分类监管体系 … 125
　　　7.5.3　完善混合所有制契约关系发展的多层监管体系 … 126
　7.6　小　结 ……………………………………………………… 127

第8章　研究结论与展望 ………………………………………… 128
　8.1　研究结论 …………………………………………………… 128
　8.2　展望 ………………………………………………………… 130

参考文献 ………………………………………………………… 131

第 1 章　绪　论

1.1　研究背景与意义

1.1.1　研究的现实背景与意义

自1978年中国共产党第十一届三中全会开启了改革开放序幕，到2013年中国共产党第十八届三中全会再次拉开改革大幕，中国经济取得了举世瞩目的成就。中国国有企业作为中国经济的重要组成部分，不仅在改革开放中扮演着重要的角色，其自身的改革也一直在同步进行。回顾中国国有企业的发展和改革进程，中国国有企业的发展大致经历了成长期（1953—1957年）、彷徨期（1958—1965年）、停滞期（1966—1978年）、放权让利与承包经营（1979—1993年）、建立现代企业制度（1994—2003年）以及建立和完善国有资产管理体制（2004—2013年）六个阶段，而真正意义上的中国国有企业改革主要集中在后两个阶段（1994—2013年）。20年（1993—2013年）的国企改革实践表明，中国国有企业取得了长足发展，盈利能力及资产规模显著提升，中国国有企业的发展和改革为中国的改革开放做出了突出贡献。但不足的是，中国国有企业效率仍有待提高，诸如政企仍未分离、产权改革停滞不前、垄断和不公平竞争尚未打破、预算软约束、激励约束机制不健全、创新和实际盈利能力不足，以及国有企业借助强势地位挤压民企造成的资源配置损失等阻碍中国国有企业发展的一些根本性障碍仍亟待改革。

鉴于中国国有企业改革与发展的客观现实和规律，中国共产党第十八届三中全会发布的《中共中央关于全面深化改革若干重大问题的决定》（以下简称《决定》）中指出："国有资本、集体资本、非公有资本等交叉持股、相互融合的混合所有制经济，是基本经济制度的重要实现形式，有利于国有资本放大功能、保值增值、提高竞争力，有利于各种所有制资本取长补短、相互促进、共同发展。允许更多国有经济和其他所有制经济发展成为混合所有制经济。国有资本投资项目允许非国有资本参股。允许混合所有制经济实行企业员工持股，形成资本所有者和劳动者利益共同体……鼓励非公有制企业参与国有企业改革，鼓励发展非公有资本控股的混合所有制企业。"《决定》中明确提出积极发展混合所有制经济，确定了混合所有制企业作为中国国有企业改革的新方向。

"混合所有"最早出现于我国官方文件是在中国共产党第十四届三中全会通过的《中共中央关于建立社会主义市场经济体制若干问题的决定》中，"混合所有制"出现于官方文件则是在党的十五大报告中。随着党的十五大正式提出混合所有制这一概念，之后的中共第十五届四中全会、党的十六大、中共第十六届三中全会、党的十七大、中共第十八届三中全会都一以贯之、由浅入深地引导、鼓励中国国有企业发展混合所有制，从党中央重大会议、政策文件中关于国企改革和混合所有制的相关表述可以看到，从1993年国企改革开始，混合所有制一直被循序渐进地引导，直到2013年召开的中国共产党第十八届三中全会，明确提出混合所有制作为新一轮国企改革的方向，国企改革由此进入了新的历史阶段。

在我国经济发展进入"新常态"的现实背景下，推动中国国有企业的混合所有制发展、有效解决中国国有企业发展与改革中面临的问题是配合我国经济转型、促进产业结构升级的重要课题。从契约关系演进的角度，中国国有企业发展混合所有制的实质是国有企业与私有企业的混合所有制契约关系发展问题，本书通过对中国国有企业发展混合所有制的契约问题进行研究，并针对具体问题提出相关政策建议，有利于减少混合所有制契约关系缔结与履行的现实障碍，提高混合所有制契约关系发展中国有企业与私有企业的契约缔结与履行效率，对于促进和深化中国国有企业混合所有制的健康发展具有重要的现实启示意义。

1.1.2 研究的理论背景与意义

在新古典瓦尔拉斯一般均衡的完全竞争市场中，产品市场、要素市场和信息都是完全的，交易成本为零，不存在外部性问题，依靠市场价格信号和自由竞争机制，企业能够根据利润最大化原则做出最优决策，资源配置可以实现帕累托最优状态。然而，现实中的市场难以满足完全竞争市场严格的假设条件，假设条件一旦放松，垄断、外部性、信息不对称及公共物品等问题就会使价格和竞争机制发生扭曲，资源配置效率低下，市场出现失灵。主流经济学认为，国有企业创建的原因主要源于弥补市场失灵[1]。改革开放以来，虽然国有企业取得了显著的发展，在弥补市场失灵方面发挥了积极的作用，然而，人们很快发现，国有企业运行本身也需要支付大量的成本，此时，国有企业的出现也鼓励了更具有风险偏好的行为，从而加大经济系统的不稳定性，很容易出现国有企业失灵，成为经济低效率的源头（汤吉军，2015）[2]。部分学者研究认为国有企业是低效率或效率双重损失的（樊纲，2000[3]；刘小玄，2000[4]，2003[5]；刘瑞明、石磊，2010[6]；吴延兵，2012[7]），而低效率的原因主要归于所有权结构、委托－代理问题、政策性负担、行政垄断、自然垄断和预算软约束等方面。

1. 委托－代理问题。由于委托人和代理人之间存在信息不对称和利益冲突，代理人为追求自身利益最大化，会出现"偷懒""说谎"等机会主义行

---

[1] Shleifer A. State versus private ownership [J]. Journal of Economic Perspectives, 1998 (4): 133-150.

[2] 汤吉军. 市场失灵、国有企业与政府管制 [J]. 理论学刊, 2015 (5): 34-40.

[3] 樊纲. 论体制转轨的动态过程——非国有部门的成长与国有部门的改革 [J]. 经济研究, 2000 (1): 11-21.

[4] 刘小玄. 中国工业企业的所有制结构对效率差异的影响——1995年全国工业企业普查数据的实证分析 [J]. 经济研究, 2000 (2): 17-25.

[5] 刘小玄. 中国转轨经济中的产权结构和市场结构—产业绩效水平的决定因素 [J]. 经济研究, 2003 (1): 21-29.

[6] 刘瑞明, 石磊. 国有企业的双重效率损失与经济增长 [J]. 经济研究, 2010 (1): 127-137.

[7] 吴延兵. 国有企业双重效率损失研究 [J]. 经济研究, 2012 (3): 15-27.

为，进而损害委托人的利益或降低社会福利。国有企业归全体人民所有，政府代表人民行使财产的控制权和使用权，人民和政府之间是委托代理关系；政府通过选派、选拔相关管理人员代表政府管理国有企业，政府与国企高管之间形成委托代理关系；由于中央政府很难监管众多国有企业，中央委托省、市、县对国有企业进行监督与管理，这又形成了多重委托代理关系，所以，国有企业在多重委托代理关系下，促使信息不对称和利益冲突不断加强，真正的国有产权所有者虚置，而代理人过分强调自身利益最大化，从而出现道德风险、逆向选择等机会主义行为，国有企业表现出低效率。

2. 预算软约束。社会主义经济中的国有企业一旦发生亏损，政府常常要追加投资、增加贷款、减少税收，并提供财政补贴，这种现象被科尔奈（Kornai，1986）称为"预算软约束"[①]。在预算软约束的条件下，国有企业相当于拥有了"完全保险制度"，即项目投资能获得银行的"优先融资"，经营困难可获得政府援助，企业亏损也能得到财政补贴。这样，没有生存压力的国有企业缺少竞争意识，主动盈利性不强，弱化的投资评估与风险控制难以保证国有资产保值增值。此外，预算软约束条件下的国有企业代理人缺少效率与危机意识，更容易滋生道德风险等机会主义行为。总之，预算软约束形成制度的路径依赖，使国有企业缺少成本概念，资源浪费严重，造成国有企业的高成本低收益，进而形成资源配置的低效率和社会福利损失。

3. 国有企业目标多元化。新古典经济学认为利润最大化是企业追求的根本目标，然而，由于国有企业历史发展的特殊性以及国家赋予它的特殊功能定位，国有企业既有经济目标又有社会目标，既有利润目标又有政治目标，既有效率目标又有公平目标，企业目标呈现多元化。多元的目标又不分伯仲，相互交织，其结果是各目标难以兼顾，矛盾冲突不断，国有企业经理人难以发挥企业家精神，无论怎样做都不能使所有目标都实现，总会存在不满意的声音，最终"保住位置"成为国有企业经理人的最优解，国有企业的制度优势转为劣势，整体表现为低效率，国有企业失灵也就在所难免。

4. 激励约束机制弱化。激励约束机制是指通过激发激励约束主体的主动

---

① 林毅夫，刘明兴，章奇. 企业预算软约束的成因分析[J]. 江海学刊，2003（5）：49-54.

性、创造性和积极性,同时规范主体行为,使激励约束主体能够实现期望目标。长期以来,国有企业一直存在着激励约束机制强度不足、结构失衡等问题。激励方面,国有企业的精神激励不完善,政企不分导致职务晋升与工作业绩不对等,没有形成优胜劣汰机制,而物质激励又发生扭曲,名义收入不足,职务消费较多,缺少激励国企经理人追求国有企业长远利益的股权分配或股票期权制度。约束方面,国有企业的现代公司治理结构不健全,所有者约束机制空缺,形成所谓的"内部人"控制,"59岁现象"、过度职务消费及短期行为等普遍存在。弱化的激励约束机制不仅严重影响了国有企业经理人的积极性,使国有企业在竞争中处于不利地位,还使国企经理人产生道德风险等机会主义行为,造成国有资产流失。

5. 垄断导致低效率,降低社会福利。垄断企业将价格定义在边际成本之上,从社会福利水平的角度来看,垄断的社会福利水平(消费者剩余与生产者剩余之和)低于竞争的福利水平,产生福利净损失。国有垄断企业通过垄断获取超额利润,由于没有竞争的约束,国有企业内部容易产生 X-非效率问题,产品质量与服务水平下降,最终导致生产与经营的低效率。

国有企业发展的低效率,促发了国有企业失灵问题,而国有企业积极发展混合所有制,可以通过发挥不同所有制的制度优势以弥补国有企业失灵,这也是混合所有制存在的重要原因。在我国,混合所有制的理论研究与实践相对于西方国家都比较晚,改革开放以后,随着外资的引入,中外合资、合作企业的出现,标志着我国混合所有制的产生。理论研究中,一般认为最早正式提出混合所有制这个概念并加以论述的是薛暮桥(1987),他在《我国生产资料所有制的演变》一文中指出,我国在经济体制改革中,所有制形式日益复杂,首先是不同行业不同地区的国有企业之间、国有企业与集体企业和私人企业之间的合资经营,如果合资经营企业的投资方分属于不同的所有制,就形成了混合所有制企业(张文魁,2015)[1]。混合所有制经济是与各种不同所有制形式并列的一种独立的新型所有制形式(晓亮,1993)[2],广义的混合

---

[1] 张文魁. 混合所有制的公司治理和公司业绩[M]. 北京:清华大学出版社,2015.
[2] 晓亮. 大有发展前景的一种所有制形式——混合所有制[J]. 中国党政干部论坛,1993(11):9-11.

所有制经济是社会上各种不同的所有制形式相互联系、有机结合而成的一种经济形式，是企业与企业之间、地区与地区之间、部门与部门之间，以及社会上各种不同所有制主体之间互为条件、互相依存、互为供给、互为需求结合；狭义的混合所有制经济是由不同出资者投资共建或由不同所有制经济联合组建而成的一种企业形式，是作为企业内部各种所有制主体之间生产要素共同占有、剩余价值按生产要素投资份额共同分享的一种企业组合形式，体现着企业内部各所有制主体之间的经济关系（伯娜，2010）[①]。

混合所有制是顺应国企改革而出现的新的所有制形式，它并不否定原有的所有制性质，而是原有所有制之间的一种新的契约缔结，目的是提高国有企业的效率，促进国有企业与私有企业的协调发展，是现代经济运行的一种企业形式。国有企业发展混合所有制是不同所有权的混合，但不论如何混合，其本质仍然是企业。回顾企业理论的发展，大致可以分为四个阶段：第一阶段是古典的企业理论，代表人物主要有亚当·斯密（Adam Smith）、约翰·穆勒（John Stuart Mill）、坎替龙（Richard Cantillon）等，这一阶段的企业理论奠定了企业理论的一些基本理论框架；第二阶段是新古典的企业理论，代表人物是马歇尔，该理论主要讨论企业如何在既定技术条件下达到利润最大化的问题，对企业内部的研究几乎没有，企业是一个黑箱；第三阶段是新制度经济学的理论，代表人物是科斯（Coase），该理论主要是用交易成本来解释企业为什么存在，从市场和企业的关系来探讨企业的边界、本质问题；第四阶段是企业理论的现代观点，具体研究了影响交易成本的各种因素。自科斯（Coase，1937）发表《企业的性质》，企业理论发生了革命性变革，通过"科斯革命"，企业不再是一个生产函数，企业当事人之间所进行的不再是非人格化的交易，而是一组契约关系，企业的行为也不再被看作是抽象的，而是涉及契约关系的各当事人协调责、权、利关系的结果。

从现代观点看，对于企业理论而言，契约理论成为主流的解释框架（杨瑞龙，2005）[②]，而混合所有制涉及两种不同所有制形式的契约关系，通过契约理论研究中国国有企业的混合所有制契约关系发展，分析与研究中国国有

[①] 伯娜. 关于混合所有制经济性质问题的观点述评 [J]. 学术界，2010（5）：208-288.
[②] 杨瑞龙，杨其静. 企业理论：现代观点 [M]. 北京：中国人民大学出版社，2005.

企业发展混合所有制存在的契约问题，不仅符合现代企业理论的主流解释框架，还有助于实现企业理论与所有制理论的融合，进而丰富和发展企业理论，同时对于探索混合所有制企业理论研究框架更具有积极的理论意义。

1.2 相关文献综述

1.2.1 国外相关文献评述

20世纪30年代，混合所有制在西方受到关注。混合所有制是对所有制状况的一种描述，而混合经济是对混合所有制状况的具体实践形态，是一个问题的两个方面，是抽象与具体的关系，最初的研究主要集中于对混合经济的论述。混合所有制的研究起源于西方国家，其理论渊源可追溯于混合经济（mixed economy）[1]。最初关于"混合"的思想，一般认为其来自凯恩斯（1936）[2]《通论》中"让国家之权威与私人之策动力量相互合作"的论点，而最早使用混合经济一词的是Barker（1937）[3]，他认为私人企业和公有制并非对立的，而是可以共生的。汉森（Hansen，1941）[4]是较早的系统讨论过混合经济的经济学家，他提出大多数资本主义国家的经济是私人资本主义经济与"社会化"的公共经济并存的，是"公私混合经济"或"双重经济"，即生产领域的"公私混合"，如国有企业与私有企业并存；收入和消费方面的"公私混合"，如公共卫生、社会安全和福利开支与私人收入和幸福的并存。萨缪尔森（1961）[5]则继承和发展了凯恩斯和汉森的观点，在《经济学》一书中提

---

[1] 混合所有制经济是以混合所有制作为产权基础的一种独立经济形式，是混合所有制的具体实践形式。同时，混合所有制经济又是混合经济的沿承和一种经济类型，所以，混合所有制、混合所有制经济、混合经济出于同一理论渊源。三者虽有联系但又不能混为一谈。

[2] 凯恩斯. 就业、利息与货币通论[M]. 徐毓枬，译. 北京：商务印书馆，1983.

[3] Barker. The Conflict of Ideologies [M]. International Affairs, Royal Institute of International Affairs 1931—1939, 1937, 16 (3): 344.

[4] Hansen R. Fiscal policy and business cycles [M]. New York: W. W. Norton Company, 1941.

[5] 萨缪尔森. 经济学（上册，第10版）[M]. 高鸿业，译. 北京：商务印书馆，1979.

出了混合经济论，认为现代资本主义经济是一种由国家机构和私人机构共同对经济实施控制的混合经济。以维克塞尔、林德伯克为代表的瑞典学派则把混合经济制度作为瑞典模式的经济基础和重要内容，提出混合经济的重要内容之一是在所有制方面实行私有制基础上的部分国有化。此外，日本都留重人[1]对混合经济也有论述，他认为在存在市场失灵或外部的不经济性的情况下，混合经济具有普遍特征，作为一种生产模式的混合经济实际上是现代市场经济的模式。概括地讲，西方资本主义国家的混合经济在理论上大致有四个层次：在国民经济发展的动力机制上体现为自由主义和国家干涉主义的结合；在宏观经济调控手段上体现为市场和计划的并用；在所有制结构上体现为私人所有制和公有制的并存；在企业资本构成上体现为私人资本、国有资本以及社会资本的混合（景春梅，2015）[2]。

国外混合所有制企业的存在早于我国，但是数量相对较少，经济比重也相对较低，很多时候混合所有制主要存在于特定时期或特定阶段，而随着过渡期完成，逐步被国有股减持或私有化所代替，例如印度在20世纪60年代搞过混合所有制，但后来逐步走向私有化，所以，关于混合所有制的国外研究文献比较少，大部分的研究主要以特定案例研究为主。Stephen Brooks（1987）[3]研究了英国石油公司和加拿大发展投资公司等混合所有制公司的案例，研究发现政府往往利用股权优势干预企业，政府偏好执行公共政策而不顾公司的商业利益，进而损害了公司的商业价值。这是一篇考察政府与企业关系的混合所有制研究的文章，虽然案例研究不具有普遍意义，但所反映的混合所有制企业的内部控制权问题，对于研究混合所有制的契约缔结和公司治理具有参考价值。Mattijs Backs、Mickael Carney、Gedajlovic Eric（2002）[4]选择国际上50家航空公司进行实证研究，其中有13家是混合所有制企业，研究发现国有航空公司绩效低于

---

[1] 都留重人. 日本的资本主义以战败为契机的战后经济发展 [M]. 复旦大学日本研究中心，上海：复旦大学出版社，1995.

[2] 景春梅. 混合所有制经济在西方是怎么做的 [J]. 中国中小企业，2015（5）：73-77.

[3] Stephen, Brooks. Mixed Ownership Corporation as an Instrument of Public Policy [J]. Comparative Politics, 1987, 19（2）：173-191.

[4] Mattijs Backs, Mickael Carney, Gedajlovic Eric. Public, Private and Mixed Ownership Modes and the Performance of International Airlines [J]. Journal of Air Transport Management, 2002, 8（4）：213-220.

私有航空公司，而混合所有制航空公司的绩效优于国有航空公司，但低于私有航空公司，该研究对于考察混合所有制的绩效具有重要的参考价值。Peeter Peda、Daniela Argento、Giuseppe Grossi（2013）[①] 研究了爱沙尼亚最大的水务公司的治理和绩效问题，该公司是公私混合所有制，该研究对于理解混合所有制企业财务绩效和非财务绩效的公司治理具有启发意义。

除案例研究外，还有一些经济学家研究了国有企业的部分私有化问题，部分私有化实际上也就是混合所有制企业。Liu、Guy Shaojia 和 Wing Thye Ewoo（2001）[②] 研究了我国国企改革问题，研究发现，中国的大型国有企业的所有权结构将从国有独资向股权多元化和混合所有制的方向变动，引入越来越多的非国有股份，对于大型企业获得资金和其他资源以及改进公司治理有明显促进作用。O. Hart（2002）[③] 从不完全契约的角度研究了国有产权的问题，认为国有产权有很大弊端，而私有产权的引入有利于弥补政府所有权的缺陷。John Bennett、James Maw（2003）[④] 对转型国家的国有企业私有化进行了研究，研究发现，在推行私有化过程中，一些企业继续保留一部分国有股份，也就形成了混合所有制企业，在一定的条件下，混合所有制是一种良好的制度选择。Hamid Blad、Chi-chur Chao（2006）[⑤] 研究了一些发展中国家国企改革的部分私有化问题，研究发现私有化程度对于就业和福利有积极影响。

---

① P Peda, D Argento, G Grossi. Governance and Performance of a Mixed Public-Private Enterprise: An Assessment of a Company in the Estonian Water Sector [J]. Public Organization Review, 2013, 13 (2): 185-196.

② G S Liu, W T Woo. How will ownership in China's industrial sector evolve with WTO accession? [J]. China Economic Review, 2001, 12 (2): 137-161.

③ Oliver Hart. Incomplete Contracts and Public Ownership: Remarks, and an Application to Public-Private Partnerships [Z]. working paper, 2002.

④ J Bennett, J Maw. Privatization, partial state ownership, and competition [J]. Journal of Comparative Economics, 2003, 31 (31): 58-74.

⑤ H Beladi, C C Chao. Mixed Ownership, Unemployment, and Welfare for a Developing Economy [J]. Review of Development Economics, 2006, 10 (4): 604-611.

1.2.2 国内相关文献评述

自薛暮桥（1987）较早提出混合所有制的概念后，我国学者关于国有企业混合所有制改革的研究不断丰富，早期的研究文献多数集中于论述混合所有制的合理性（晓亮，1993，2003，2004；汪良忠，1993；朱东平，1994），混合所有制的性质、形式和类型（倪吉祥，1993；刘烈龙，1995；龚培兴，1996；季丽新，1998；戴文标，2001），以及国有企业混合所有制改革的战略取向、改革思路（刘新政，1998；江振华，1999；李涛，2002）。2013年中国共产党第十八届三中全会通过的《中共中央关于全面深化改革若干重大问题的决定》首次以中央文件的形式正式将混合所有制确定为国企改革的方向，国有企业发展混合所有制的研究在理论界也成为国企改革研究中的活跃领域，研究角度主要集中于国有企业发展混合所有制的产权研究（李保民，2013；陈琳、唐杨柳，2014；张军民，2014；季晓楠，2014；赵奇伟、张楠，2015），国有企业发展混合所有制的股权结构、股权制衡研究（陈琼，2014；张斌、嵇凤珠，2014；张文魁2014；郝云宏、汪茜，2015；陈俊龙、汤吉军，2016），国有企业发展混合所有制的激励与员工持股研究（崔志强，2013；黄群慧，2014；刘雨青、傅帅雄，2015；张孝梅，2016），国有企业发展混合所有制的绩效研究（秦斗豆，2014；张文魁，2015；张莉艳、安维东，2015），以及国有企业发展混合所有制的困境、对策、路径研究（朱敏，2014；刘崇献，2014；吴爱存，2014；高朝辉，2014；唐克敏，2015；卢俊，2015；李中义、李月，2016）。大多数学者的研究都是围绕所有权的禀赋及混合所有制发展的困境、对策、路径展开，这些文献对于推动政府决策、加强国有企业对于混合所有制的理解与发展具有积极的作用，但是实践表明，中共第十八届三中全会以后，国有企业的混合所有制发展进程与发展质量仍然存在不足，国有企业的混合所有制改革仍然受到约束。

私有企业对混合所有制改革存在着被控制、难以获得治理权和看不到盈利前景的担忧，由此影响着私有企业家参与改革的积极性（邱江，2014）[①]。国有资产总量过大，富余职工安置成本高、社会负担重、仍有大量呆坏账和不良资产，这些都是国企实施混合所有制的沉重历史包袱；国有资本控制的电力、电信、铁路、民航、银行、邮电、城市基础设施、烟草及盐业等领域，在自然垄断基础上又被行政垄断强化，从而导致民间资本、外商资本在进入时容易遭遇各种政策性障碍；产权保护的缺陷、资本市场结构不完善等制度建设滞后的问题也会制约国企的混合所有制改革进程（李正图，2004）[②]。国有企业实施混合所有制的约束因素主要有四个方面：第一，许多国有大企业都被认为承担着重要的国家政策使命，不适合实行民资介入的股权多元化；第二，国有企业高管的行政级别是阻碍国企混合所有制改革的另一重要因素；第三，私有企业自身的一些问题制约了混合所有制的进一步发展；第四，我国尚不完善的市场环境和法律体系不利于混合所有制的发展（黄群慧等，2014）[③]。虽然这些文献探讨了国有企业发展混合所有制的制约因素，解释了为什么国有企业发展混合所有制会受到约束，但是并没有从混合所有制的企业本质进行研究。混合所有制无论如何"混合"，其本质仍然是企业，而企业是一系列契约的缔结，那么，混合所有制的本质也就是一系列契约的缔结，而特殊性仅在于其既包括混合过程中国有企业与私有企业两种不同所有制的主体契约关系缔结，又包括混合后混合所有制企业相关利益者的各种契约关系。

国内学者从契约角度研究国有企业发展混合所有制的文献特别少，明确从契约角度研究混合所有制发展的文献主要有两篇，一篇是汤吉军（2015）[④]从不完全契约的角度研究了混合所有制的发展问题，通过不完全契约理论明晰了国有企业发展混合所有制的各种主客观条件，围绕诸如资产专用性、交易成本、"敲竹杠"和政府干预等方面，探究了发展混合所有制的理论逻辑即

---

① 邱江. 对混合所有制民企存三大忧虑 [N]. 贵州政协报，2014-3-4.
② 李正图. 当前发展混合所有制的难点及对策 [J]. 上海国资，2004（4）：21-22.
③ 黄群慧，于菁，王欣，邵婧婷. 新时期中国员工持股制度研究 [J]. 中国工业经济，2014（7）：5-16.
④ 汤吉军. 不完全契约视角下国有企业发展混合所有制分析 [J]. 中国工业经济，2014（12）：31-43.

追求交易成本最小化，并且提出积极发展混合所有制的具体政策建议，该研究对于开启国有企业发展混合所有制的契约理论研究具有积极的启示和借鉴意义，但该研究注重混合所有制的治理问题，关于国有企业与私有企业的契约缔结与履约问题论述较少，并且其理论研究角度限于不完全契约理论，理论论述角度不够完善。另外一篇是剧锦文（2016）[①] 的对国有企业推进混合所有制改革的缔约分析，认为国有企业实施混合所有制的实质是不同产权主体之间的缔约过程，在这一过程中，缔约各方会就各自的权利和责任逐步商定，先对缔约前双方的禀赋状态进行了静态分析，然后从动态的角度分析二者在缔约后可能遇到的一些问题及策略选择，该研究虽然明确了契约缔结的两个阶段，具有启发性，但是每个阶段的分析都较为简单，缺少理论模型支撑，政策建议也缺少针对性。总之，从现有文献看，通过契约理论研究国有企业的混合所有制发展既具有理论基础又具有研究空间，但需要注意的是，国有企业发展混合所有制是混合所有制契约关系发展的动态过程，在动态发展过程中，国有企业发展混合所有制既存在契约缔结问题，又存在契约履行问题，这也就需要通过契约理论的综合分析框架对国有企业发展混合所有制的契约问题进行综合分析，并针对性地提出完善和促进混合所有制契约关系发展的政策建议。

1.3　研究思路与研究方法

1.3.1　研究思路

本书的研究思路首先是在中国国有企业发展混合所有制的现实历程的基础上，梳理和提出中国国有企业发展混合所有制存在的契约问题，然后，针对中国国有企业发展混合所有制存在的契约问题，从契约关系演进的角度，

---

① 剧锦文. 国有企业推进混合所有制改革的缔约分析［J］. 天津社会科学，2016（1）：91-96.

对中国国有企业发展混合所有制的契约缔结、契约再谈判和契约履行进行理论分析,最后通过理论分析提出完善和促进混合所有制契约关系发展的政策建议,本书研究的具体思考路线如下。

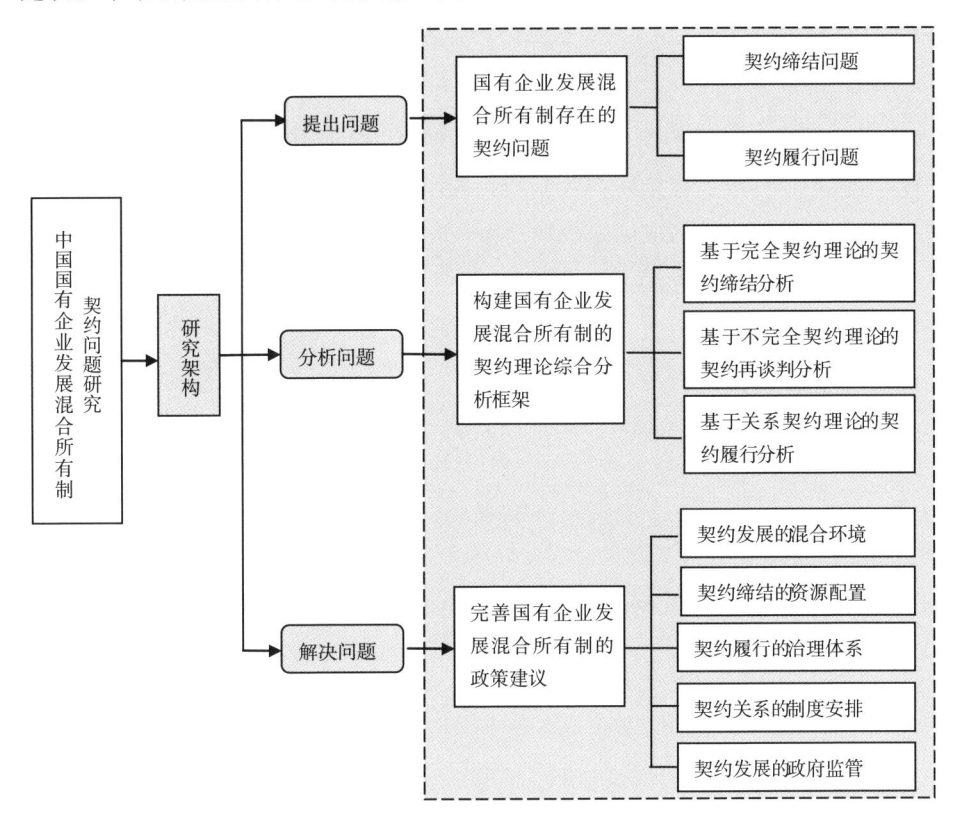

```
中国国有企业发展混合所有制契约问题研究
│
└─ 研究架构
    ├─ 提出问题 ── 国有企业发展混合所有制存在的契约问题
    │                ├─ 契约缔结问题
    │                └─ 契约履行问题
    ├─ 分析问题 ── 构建国有企业发展混合所有制的契约理论综合分析框架
    │                ├─ 基于完全契约理论的契约缔结分析
    │                ├─ 基于不完全契约理论的契约再谈判分析
    │                └─ 基于关系契约理论的契约履行分析
    └─ 解决问题 ── 完善国有企业发展混合所有制的政策建议
                     ├─ 契约发展的混合环境
                     ├─ 契约缔结的资源配置
                     ├─ 契约履行的治理体系
                     ├─ 契约关系的制度安排
                     └─ 契约发展的政府监管
```

1.3.2 研究方法

本书以经济学理论为基础,综合运用完全契约理论、不完全契约理论和关系契约理论构建的现代契约理论进行理论分析,主要采用了实证分析与规范分析相结合、博弈论、数理模型分析与动态分析法。

第一,实证分析与规范分析相结合。本书通过国有企业发展混合所有制的相关数据和客观现实,对国有企业发展混合所有制的历程及存在的相关契约问题进行了实证分析研究,同时,对于国有企业发展混合所有制的契约关系演进应该是什么,以及应该如何解决混合所有制契约关系发展中存在的相关契约问题进行了规范的分析研究。

第二，博弈论分析方法。本书对国有企业与私有企业两大混合主体的混合所有制契约缔结、契约再谈判及契约履行等契约关系发展过程进行了博弈分析，通过博弈研究，有助于更加深刻地阐释混合所有制契约关系发展的内在规律。

第三，数理模型分析方法。本书在理论研究中应用了数理模型研究方法，通过数理模型构造，有助于更加清晰、精确地阐释国有企业发展混合所有制存在的相关契约问题的成因，数理模型研究增加了本研究的严谨性与逻辑性。

第四，动态分析方法。本书通过动态研究国有企业发展混合所有制的契约缔结、契约再谈判，以及契约履行等契约关系发展过程，既有助于发现和分析国有企业发展混合所有制过程中各阶段的内在联系以及存在的契约问题，又有助于依此提出更加完善、系统的对策建议，动态研究增加了本研究的系统性。

1.4 研究的主要内容及结构框架

本书研究的是中国国有企业发展混合所有制的契约问题，主要观点如下。

(1) 混合所有制契约缔结阶段需加强与优化国有企业发展混合所有制的混合信息搜寻和激励契约设计。国有企业发展混合所有制的理论逻辑基础是混合所有制可以实现国有企业、私有企业契约双方的帕累托改进，但是，混合所有制的帕累托改进仅仅是混合所有制契约缔结的必要条件而非充分条件，信息不对称下的逆向选择问题和混合目标冲突问题阻碍了混合所有制的契约缔结效率，为此，国有企业发展混合所有制需要减少混合信息不对称，加强混合信息搜寻，优化混合契约激励设计。

(2) 混合所有制的治理结构调整和剩余权利配置是不完全契约约束条件下混合所有制契约再谈判的关键所在。混合所有制契约缔结后，契约双方受到认知偏差、不确定性增强、边际机会主义递增等影响，国有企业与私有企业表现为有限理性，混合所有制激励契约表现出不完全性。资产专用性准租占用、"敲竹杠"突出等问题使缔约后契约双方不可避免地出现拒绝合作等危及缔约关系可持续地、适应性地发展下去的情况，混合所有制的初始激励契约不再具有适用性，为此，混合所有制契约再谈判需要重点关注混合所有制的治理结构调整和剩余权利配置。

（3）基于重复博弈产生的声誉机制、信任机制等混合所有制关系的契约治理机制对于混合所有制契约关系的维护和长期有效履约具有重要意义。混合所有制制度变迁中存在的原有单一所有制的制度路径依赖和搭便车的机会主义倾向等问题制约着混合所有制契约的履行效率，基于正式契约的混合所有制治理体系在一次性博弈的条件下，混合所有制契约履行的效率损失难以避免，而基于重复博弈的混合所有制关系契约治理可作为混合所有制正式契约的有效补充。为此，国有企业发展混合所有制需要重视建立基于声誉机制、信任机制等非正式规则产生的混合所有制自动履约机制。

全书共分为八章。

第1章是绪论。本章主要阐述了本书的研究意义与背景、研究思路与方法、研究框架与内容及研究创新与不足，并对国有企业发展混合所有制的已有相关研究进行文献综述与评析。

第2章是混合所有制契约问题研究的相关理论基础。本章首先对全书研究所需运用的经济理论进行理论概述，主要包括完全契约理论、不完全契约理论和关系契约理论。其次，在相关契约理论概述的基础上，重点提出本书研究的理论视角。

第3章是中国国有企业发展混合所有制的历程与契约问题。本章主要是回顾、总结国有企业发展混合所有制的历程及存在的契约问题。首先，本章把国有企业发展混合所有制划分为早期萌芽（1980—1993年）、实践探索（1993—2013年）和深化发展（2013年至今）三个阶段，并对各发展阶段的状况和特征进行概述。其次，在梳理国有企业发展混合所有制的现实历程的基础上提出国有企业发展混合所有制存在的混合顾虑、混合壁垒、混合对象逆向选择、混合目标冲突、混合所有制资产专用性投入不足、"敲竹杠"、控制权争夺及制度路径依赖等契约缔结与契约履行问题。

第4章是中国国有企业发展混合所有制的契约缔结分析。本章主要围绕国有企业发展混合所有制在契约缔结中存在的具体问题进行理论分析。首先，在研究国有企业与私有企业比较优势的基础上，得出国有企业发展混合所有制可以实现帕累托改进的基本论断，这一论断不仅是国有企业发展混合所有制的重要理论逻辑前提，同时也是破除混合所有制契约缔结中存在的混合顾虑与混合壁垒问题的理论支撑。其次，针对混合所有制契约缔结中存在的逆向选择问题，本章通过构建混合信息搜寻博弈模型，分析得出国有企业发展混合所有制的混合信息搜寻策略与最佳混合对象搜寻次数。最后，针对混合所有制契约缔结中存在的混合目标冲突问题，本章在分析国有企业发展混合所有制的多重委托代理关系与多任务目标的基础上，通过构建混合所有制双重任务、双重委托代理模型，得出满足国有企业与私有企业各自实现混合所有制发展目标的混合所有制激励契约设计。

第 5 章是中国国有企业发展混合所有制的契约再谈判分析。本章主要分析了国有企业发展混合所有制的初始激励契约不完全性以及产生的混合所有制资产专用性准租占用、"敲竹杠"等问题，并由此得出为实现混合所有制契约的优化与履行，国有企业发展混合所有制需要进行基于治理结构调整与剩余权利配置的混合所有制契约再谈判的基本观点。为此，本章构建了混合所有制资产专用性投入与治理结构模型，着重分析混合所有制契约再谈判的治理结构调整；通过构建混合所有制剩余权利配置模型，分析得出混合所有制剩余权利配置的合理范围。

第 6 章是中国国有企业发展混合所有制的契约履行分析。本章主要分析单一所有制制度的路径依赖性及由此产生的混合所有制契约履行效率损失的问题。制度变迁中的有限理性与路径依赖性决定了混合所有制并不完全，基于正式契约的混合所有制治理体系在一次性博弈的条件下，混合所有制契约履行的效率损失难以避免，而基于重复博弈的混合所有制关系契约治理可以作为混合所有制正式契约的有效补充。为此，本章主要分析了混合所有制关系契约的产生机理、实现条件以及治理结构选择，并在此基础上提出基于声誉机制激励与信任机制保证的混合所有制契约履行的自动履约机制。

第 7 章是完善和发展混合所有制契约关系的政策建议。本章主要在对国有企业发展混合所有制存在的契约问题的理论分析的基础上，从国有企业发展混合所有制的混合环境、混合所有制契约关系缔结的市场资源配置、混合所有制契约关系履行的治理体系、混合所有制契约关系发展的制度安排和政府监管体系五个方面提出完善和促进混合所有制契约关系发展的政策建议。

第 8 章是研究结论与展望。本章主要是对全书研究结论的总结,并对进一步研究国有企业发展混合所有制的相关契约问题做一个研究展望。

1.5 创新与不足

1.5.1 创新

(1) 本书通过综合运用完全契约理论、不完全契约理论和关系契约理论,尝试构建了契约理论的综合分析框架,并据此解释企业契约关系发展与治理问题,具有一定的理论创新性。同时,本书以契约理论研究国有企业发展混合所有制,实现了所有制理论与契约理论的理论融合,这对于国有企业发展混合所有制的理论认识与现实解析具有一定的学术创新性。

(2) 本书在研究方法上采用了动态分析方法,综合运用正式契约的完全契约理论、不完全契约理论及非正式契约的关系契约理论,深入研究混合所有制契约缔结、契约再谈判和契约履行三个混合所有制契约关系发展过程,构建了混合所有制契约关系发展研究的动态演化分析,一定程度上创新了混合所有制的学术研究视角。

1.5.2 不足

(1) 由于涉及以契约理论研究混合所有制的国内外文献较少,本书缺少经验性的研究借鉴与深刻总结,同时,国有企业发展混合所有制的契约缔结、契约再谈判及契约履行过程很难通过计量研究进行研究结论检验,而出于商业机密保护的需要,短期内又难以获得混合所有制契约关系发展的翔实案例资料，这就导致本书在实证研究方面表现不足。

（2）本书仅研究了国有企业与私有企业作为混合所有制契约关系主体的契约关系发展问题，而对混合所有制契约关系发展中的其他相关利益者之间的契约关系缺少研究。

（3）本书在综合运用契约理论的分析过程中，由于作者认知能力有限，可能会对一些理论的理解不够全面、深刻，影响到论点的严谨性与规范性，这也是本书的不足之处。

第 2 章 混合所有制契约问题研究的相关理论基础

本章首先对本书研究所运用的经济理论进行概述，主要包括完全契约理论、不完全契约理论和关系契约理论。其次，提出了中国国有企业发展混合所有制的契约问题研究的契约理论分析视角。

新古典经济学框架下的经济体系是由参数、变量构成的函数关系表示的一般化均衡体系，在新古典静态、无摩擦的均衡世界中，每个行为主体都拥有完全理性和完全信息，市场充满活力和效率，阿罗-德布鲁（Arrow-Debreu）模型已严格证明了瓦尔拉斯（Leon Walras）一般均衡的存在性。在新古典范式下，企业被定义为以营利为目的的独立的经济活动单位，是在技术水平给定的条件下，若干投入转化为产出的生产单位，即非人格化的生产函数，企业的最优产出选择被简化为依据边际成本与边际收益相等时确定的最优产量的数学极值问题，这也就决定了企业以何种方式组织起来无关紧要，任何所有制形式的企业在完全竞争的市场条件下都能够实现帕累托最优[①]。虽然新古典范式成功地解释了市场机制，揭示了价格机制，并证明了完全竞争的高效率，但是，新古典企业理论并没有涉及企业内部组织，而仅仅是完全

[①] 在新古典范式下，无论企业的所有制形式是国有、私有还有混合所有，都不会影响效率，在完全竞争市场条件下，所有制形式具有无差异性，这也就决定了新古典范式不能有效解释所有制形式对于企业绩效的影响，所以，研究中国国有企业发展混合所有制的契约问题需要跳出新古典的企业理论框架。

竞争市场的价格理论，其严格的假设条件又明显脱离实际，对现实缺乏解释力。在科斯1937年发表了《企业的性质》一文以后，企业的"黑箱"逐步被打开，不确定性、信息不完全和信息不对称打破了完美的新古典世界，企业不再简单地被理解为非人格化的生产函数。科斯（1937）[①]把企业理解为一系列复杂的契约关系，开创了企业的契约理论研究的先河，促使新古典企业理论过渡为现代契约理论，而现代契约理论已然成为企业理论研究的主流解释框架。

2.1 完全契约理论

2.1.1 阿罗-德布鲁模型假设弱化与完全契约

在阿罗-德布鲁模型中，完美的信息使企业竞争不会受到限制，依靠市场配置可以实现帕累托最优，而企业仅仅是投入、产出的集合，与生产函数同义。阿罗-德布鲁模型成立的关键性假设主要在于两点：第一，信息完全与对称；第二，行为人完全理性。显然，该假设条件脱离了经济现实，只有放松其假设条件才能回归现实，这也正是企业得以存在的起点。一般意义上，完全契约理论主要是建立在放松阿罗-德布鲁模型中信息完全和对称这一关键性假设的条件下。完全契约理论把参与博弈的各方当事人放在一个委托-代理框架下处理，把所有的交易关系和生产关系抽象为一种契约关系（杨瑞龙，2005）[②]。完全契约理论的基本假设是（1）行为人完全理性；（2）委托人与代理人之间存在信息不对称和目标冲突；（3）契约的第三方可证实性；（4）契约设计目标需满足代理人参与约束（participation constraint）与激励相容（incentive compatibility constraint）条件下的委托人利益最大化。

完全契约假定行为人具有完全理论性，但信息不对称，信息不对称可划

[①] Ronald Coase. The Nature of the Firm [J]. Economica, 1937 (4): 386-405.
[②] 杨瑞龙, 杨其静. 企业理论：现代观点 [M]. 北京：中国人民大学出版社, 2005.

分为信息不对称发生的时间和信息不对称发生的内容。信息不对称发生的时间可能在契约签订之前，也可能在契约签订之后，简称为"事前"和"事后"，事前的信息不对称内容即隐藏信息会产生逆向选择问题（adverse selection），而事后的信息不对称内容即隐藏行动则会产生道德风险（moral hazard）问题，无论事前还是事后的信息不对称都会带来效率的损失。可见，信息不对称问题是完全契约设计的基本出发点，而基于信息不对称产生的信息搜寻及信息搜寻成本问题构成了完全契约的重要关切点。所以，不对称的信息促使行为人在交易过程中需要通过事前激励性安排，设计出充分考虑了所有可能出现的或然状态（contingencies）的一个完全契约，并且能够确保无成本地被第三方强制执行，以实现降低效率损失的目的。

完全契约理论的分析框架如图 2-1 所示。

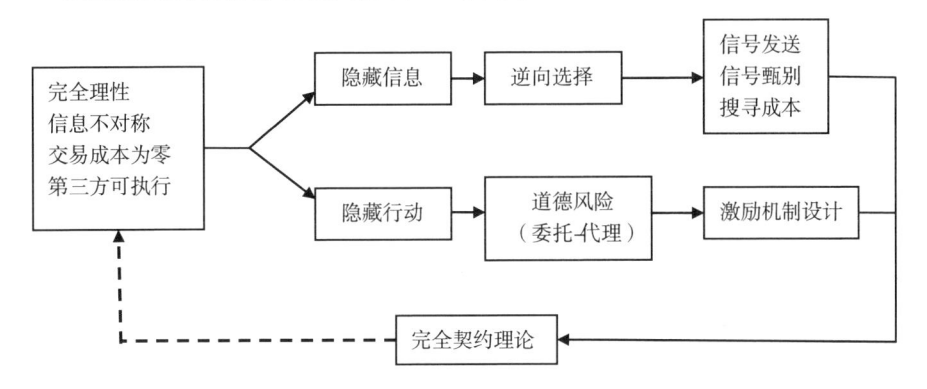

图 2-1 完全契约理论分析框架

2.1.2 逆向选择模型

缔约双方在缔约之前由于存在隐藏信息，即交易的一方不知道另一方的某些特征时，会出现典型的逆向选择（adverse selection）问题。阿克洛夫（Akerlof，1970）[1] 最早以一个二手车的"柠檬市场"为例，提出了逆向选择模型。该模型认为，在一个旧车市场中，假设旧车市场存在高质量车和低质

---

[1] G Akerlof. The Market for Lemons: Quality Uncertainty and Market Mechanism [J]. Quarterly Journal of Economics，1970，84（3）：488-509.

量车两种类型,每种类型有一个先验概率分布,卖方和买方对旧车质量的信息是不对称的,卖方知道旧车的真实质量,而买方信息不足,只能通过经验或有限知识做出大致判断。在模型中,买方根据平均价格进行询价,而高质量的旧车不会以平均价格出售,买方只能买到低质量的旧车。由于买方与卖方之间存在信息不对称,买方不能获得旧车的真实质量,在这种情况下,买方只能从旧车的平均质量进行推测,随着买方购买到低质量的旧车数量越来越多,对旧车市场车的质量评价就越低,愿意支出的价格也就越低,这就造成了质量越高的车越不容易出售,极端情况会出现低质量车卖完,而高质量车被驱逐出市场,出现逆向选择。

从旧车市场需求的变化来看逆向选择模型。假设 S_H 和 S_L 分别代表高质量车和低质量车的供给,D_H 和 D_L 分别代表高质量车和低质量车的需求,在卖方卖出高价和买方买到高质量车的期望下,S_H 和 D_H 要高于 S_L 和 D_L,即高质量旧车的均衡价格 P_{HE} 高于低质量车的均衡价格 P_{LE},如图 2-2 所示。假设买方预期旧车的质量为平均质量,根据平均价格进行询价,这样,原有的高质量旧车和低质量旧车的需求曲线将发生移动,D_H 移动到 D_{HM},D_L 移动到 D_{LM},结果是高质量旧车的交易量减少,低质量旧车交易量增加。随着交易数量的增加,买方对于旧车质量的评价不断下降,高质量旧车的需求曲线由 D_{HM} 移动到 D_M,低质量车的需求曲线由 D_{LM} 移动到 D_M,旧车市场的需求减少,直到市场上仅仅保留低质量旧车时,需求曲线不再移动,而此时,旧车市场上仅仅有低质量旧车存在,高质量汽车被驱逐出去。

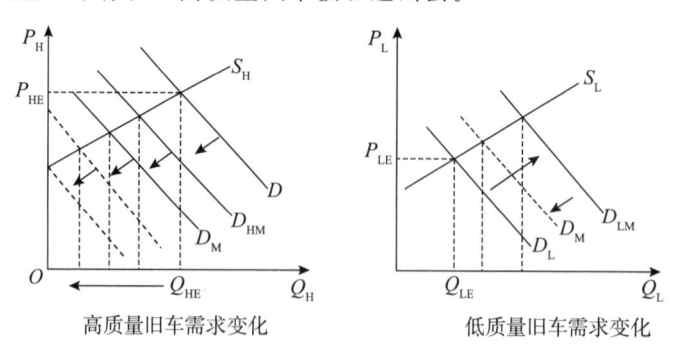

图 2-2 旧车市场的需求动态变化

逆向选择模型说明在信息不对称的条件下,会产生"劣币驱逐良币效应",市场运行表现的低效率,隐藏信息会导致市场失灵,而从契约缔结角度看,由于委托人不清楚代理人的偏好、类型,双方处于信息不对称状态,契约缔结双方不能达成最优契约,说明信息的搜寻、信号发送与甄别及信息成本对于完全契约的设计具有重要的现实意义。继阿克洛夫之后,斯彭斯(Spence,1973)提出了信号发送模型,即自然选择代理人的类型,代理人知道自己的类型,而委托人不知道,为了显示自己的类型,代理人选择某种信号,委托人在观测到某种信号后与代理人签订契约。罗斯查尔德和斯蒂格利茨(Rothschild 和 Stiglitz,1976)提出了信号甄别模型,即自然选择代理人的类型,代理人知道自己的类型,而委托人不知道,委托人提供多个契约供代理人选择,代理人根据自己的类型选择一个最优的契约,并根据契约选择行动。信号传递模型和信息甄别模型是逆向选择模型的特殊情况,也是解决逆向选择问题的两种方法。

2.1.3 委托-代理模型

委托-代理理论创建于 20 世纪 60 年代末到 70 年代初,是契约理论的重要发展。契约理论认为,委托-代理关系是一种契约关系,处于信息劣势的一方为委托人,处于信息优势的一方为代理人,委托人授权代理人为委托人的利益从事活动。委托-代理关系是一种双边契约关系,委托人和代理人都是追求自身利益最大化的经济人,利益相关,但各自的目标函数各不相同。委托人和代理人通过"讨价还价"形成双方彼此能够接受的契约,即均衡契约。委托人和代理人形成均衡契约需要满足两个条件:一个是参与约束条件,代理人从接受契约中得到的期望效用不能小于不接受契约时能得到的最大期望效用;另一个是激励相容条件,代理人按契约履行效用最大化原则,需保证委托人的预期收益最大化。一般的习惯意义上,委托-代理模型主要指隐藏行动的道德风险模型。

(1) 基本模型

在委托-代理关系中,委托人和代理人之间存在信息不对称,并且双方的效用函数和目标不一致。委托人与代理人形成契约关系后,委托人授予代理人相当大的自主决策权,委托人想使代理人按照委托人的利益关切选择行动,但委托人难以直接观测到代理人选择什么行动,观测到的只是一些变量,而这些变量是由代理人的行动和外生的随机因素共同决定的,所以,委托人观测到的仅仅是代理人行动的不完全信息,这也就决定了委托人面临的主要问题就是根据观测到的变量来激励代理人选择有利于委托人的行动,基本模型分析如下。

假定1:假定A表示代理人所有可选择的行动组合,a代表代理人努力水平的一维变量,$a \in A$,θ表示不受代理人和委托人控制的外生随机变量,Θ是θ的取值范围,θ在Θ上的分布函数和密度函数分别是$G(\theta)$和$g(\theta)$(假定θ是连续变量,如果θ只有有限个可能值,$g(\theta)$为概率分布)。代理选择行动a后,外生变量θ和a共同决定一个可观测结果$x(a,\theta)$和一个货币收入("产出")$\pi(a,\theta)$,$\pi(a,\theta)$的直接所有权属于委托人。

假定2:假定π是a的严格递增凹函数,即给定θ代理人越努力,产出越高(努力的边际产出率递减);π是θ的严格递增函数,即较高的θ代表更有利的自然状态。

假定3:假定委托人设计一个激励合同$s(x)$,委托人和代理人的v-N-M期望效用函数分别是$v(\pi-s(x))$和$u(s(\pi))-c(a)$,其中$v'>0,v''\leqslant 0;u''\leqslant 0;c'>0,c''>0$。①

假定4:假定分布函数$G(\theta)$、生产技术$x(a,\theta)$和$\pi(a,\theta)$以及效用函数$v(\pi-s(x))$和$u(s(\pi))-c(a)$都是共同知识,即委托人和代理人在有关这些技术关系上的认识是一致的。

约束条件1:参与约束,即代理人从接受契约中得到的期望效用不能小于不接受契约时能得到的最大期望效用,用$\bar{u}$表示代理人的保留效用(不接受契约时能得到的最大期望效用),参与约束的数学表示为

$$\int u(s(x(a,\theta)))g(\theta)\mathrm{d}\theta - c(a) \geqslant \bar{u}$$

---

① 假定3的含义是,委托人和代理人风险偏好中性,委托人和代理人利益冲突,委托人希望代理人多努力,代理人希望少努力,只有委托人给予代理人足够的激励,代理人才能向委托人希望的那样工作。

第 2 章 混合所有制契约问题研究的相关理论基础

约束条件 2：激励相容约束，即如果 a 是委托人希望代理人选择的行动，$a' \in A$ 是代理人可选择的任何行动，只有当代理人选择行动 a 获得的期望效用不小于选择行动 a' 获得的期望效用时，代理人才会按照委托人的期望选择行动 a，激励相容约束的数学表示为

$$\int u(s(x(a,\theta)))g(\theta)\mathrm{d}\theta - c(a) \geqslant \int u(s(x(a',\theta)))g(\theta)\mathrm{d}\theta - c(a'), \forall a' \in A$$

结论 1：委托人期望效用函数的数学表示如下：

$$\int v(\pi(a,\theta)) - s(x(a,\theta)))g(\theta)\mathrm{d}\theta$$

结论 2[①]：委托人的问题是在满足约束条件 1、约束条件 2 的基础上，选择 a 和 $s(x)$ 以实现委托人期望效用函数（结论 1）的最大化问题，即

$$\max_{a,s(x)} \int v(\pi(a,\theta) - s(x(a,\theta)))g(\theta)\mathrm{d}\theta$$

$$\mathrm{s.t.} \int u(s(x(a,\theta)))g(\theta)\mathrm{d}\theta - c(a) \geqslant \bar{u}$$

$$\int u(s(x(a,\theta)))g(\theta)\mathrm{d}\theta - c(a) \geqslant \int u(s(x(a',\theta)))g(\theta)\mathrm{d}\theta - c(a'), \forall a' \in A$$

等价模型与结论 1：将外生随机变量 θ 的分布函数转换为 x 和 π 的分布函数，用 $F(x,\pi,a)$ 和 $f(x,\pi,a)$ 分别代表通过技术关系 $x(a,\theta)$ 和 $\pi(a,\theta)$ 从原分布函数 $G(\theta)$ 导出的分布函数和密度函数，效用函数对观测变量 x 取期望值，那么委托人问题的可以表述为[②]

$$\max_{a,s(x)} \int v(\pi - s(x))f(x,\pi,a)\mathrm{d}x$$

$$\mathrm{s.t.} \int u(s(x))f(x,\pi,a)\mathrm{d}x - c(a) \geqslant \bar{u}$$

$$\int u(s(x))f(x,\pi,a)\mathrm{d}x - c(a) \geqslant \int u(s(x))f(x,\pi,a)\mathrm{d}x - c(a'), \forall a' \in A$$

等价模型与结论 2：代理人在不同行动之间的选择等价于在不同的分布函数之间的选择，令 p 为 x 和 π 的一个密度函数，P 为所有可选择的密度函数

[①] 此结论的模型化方法称为"状态空间法"，由威尔逊（Wilson, 1969）、斯宾塞和泽克豪森（Spence 和 Zeckhauser, 1971）及罗斯（Ross, 1973）最初使用。

[②] 此结论的模型方法称为"分布函数的参数化方法"，由莫里斯（Mirrrlees, 1974, 1976）和霍姆斯特朗（Holmstrom, 1979）最初使用。

的集合，$c(p)$ 为 p 的成本函数，那么委托人的问题可以表述为[1]

$$\max_{p \in P, s(x)} \int v(\pi - s(x)) p(x, \pi) \mathrm{d}x$$

$$\text{s.t.} \int u(s(x)) p(x, \pi) \mathrm{d}x - c(p) \geqslant \bar{u}$$

$$\int u(s(x)) p(x, \pi) \mathrm{d}x - c(p) \geqslant \int u(s(x)) \widetilde{p}(x, \pi) \mathrm{d}x - c(\widetilde{p}), \forall \widetilde{p} \in P$$

在基本模型的基础上，可以通过构造拉格朗日函数，求得在对称信息条件下的最优激励契约解，也可以求得不对称信息条件下的次优契约解，核心是解决委托-代理的静态激励问题。

（2）扩展模型

基本模型属于静态模型，其激励契约设计属于"显性激励机制"，把动态分析引入基本模型，通过放松基本模型的相关假设可得出关于委托-代理问题的扩展模型，形成"隐性激励机制"。

关于重复博弈的委托-代理模型。如果委托人和代理人保持长期的关系，并且双方具有足够的信心，大多数定理可以剔除外生的不确定性，委托人可以相对准确地从观测到的变量中推断出代理人的努力水平，长期契约部分上又为代理人提供了"个人工作保险"，所以，代理人用偷懒的办法提高个人福利的可能性变得非常小，即使契约不具法律的可执行性，出于声誉的考虑，契约双方也会恪守约定。

关于代理人市场声誉模型。法玛（Fama，1980）[2] 认为，激励问题在委托-代理的文献中被夸大了，在现实中，由于代理人市场对代理人的约束作用，"时间"可以解决问题。在竞争的市场上，代理人的市场价值取决于其过去的经营业绩，从长期看，代理人必须对自己的行为负责，即使没有显性的激励契约，代理人也有必要努力工作，因为这样可以提升其在代理人市场的声誉，而声誉可以给代理人带来未来收入的提高。声誉模型解释了隐性激励机制可以达到显性激励机制同样的效果。

---

[1] 此结论的模型方法称为"一般化分布方法"

[2] Fama E. Agency Problems and the Theory of the Firm [J]. Journal of Political Economy, 1980, 88 (2): 288-307.

关于"团队生产"理论模型。"团队生产理论"由美国经济学家阿尔钦和德姆塞茨（1972）等人提出，"团队"是指一组代理人，代理人独立地选择努力水平，但创造出一个共同产出，每个代理人对产出的边际贡献依赖于其他代理人的努力，不可独立观测。企业本质上是一个团队生产方式，而团队生产可能导致个人"偷懒"，需要引入一个监督者进行监督，而监督者本身也存在"偷懒"的风险，所以这就需要赋予监督者剩余索取权以激励监督者。迈克菲和麦克米伦证明了在适当条件下最优工资契约是团队产出的线性函数，进而说明了最优工资契约的设计是一个良好的企业内部激励机制。

2.2 不完全契约理论

2.2.1 阿罗-德布鲁模型假设再弱化与不完全契约

阿罗-德布鲁模型中有两个关键性假设，一个是信息完全且对称，另一个是经济人具有完全理性，放松第一个假设条件是完全契约理论研究的前提，如果进一步放松第二个假设条件，即经济人有限理性，则完全契约理论不再具有适用性，契约表现为不完全性。Tirolr（1999）将契约的不全性归纳为以下几点：第一，不可预期的相机性（unforeseen contingencies），参与人不能事前定义可能在事后发生的事件相机性，一定要通过签订包括权威和所有权关系在内的契约，表明相机性可能不完美，或者不能完全签订契约；第二，书写契约的成本，即使能预期所有的相机事件，但由于过多以至于花费太多成本，难以在契约中描述；第三，强制执行契约的成本，法院一定要了解契约的条款并证实契约相机性和行动以执行契约[①]。

信息不完全和有限理性决定了交易成本为正和契约的不完全，不完全契约

---

① Tirole. Incomplete Contract: Where Do We Stand? [J]. Econometrica, 1999, 67 (4): 741-782.

的研究主要包括两个模型，一个是以威廉姆森（Williamson，1975[1]，1985[2]，1996[3]），克莱因等（Klein等，1978[4]）、克莱因（Klein，1980[5]）为代表的"交易成本经济学"（Transaction Cost Economics，TCE），认为企业的边界由交易费用决定，强调交易特征中的资产专用性，应对专用性投资进行事后保护；另一个是由格罗斯曼和哈特（Grossman和Hart，1986[6]）、哈特和穆尔（Hart和Moore，1990[7]）、哈特（Hart，1995[8]）等人的研究构成的新产权理论（简称GHM模型），主要讨论在特定交易费用导致的契约不完全的情形下，如何确保当事人的事前投资激励问题，强调通过剩余控制权解决套牢问题。

不完全契约理论的分析框架如图2-3所示。

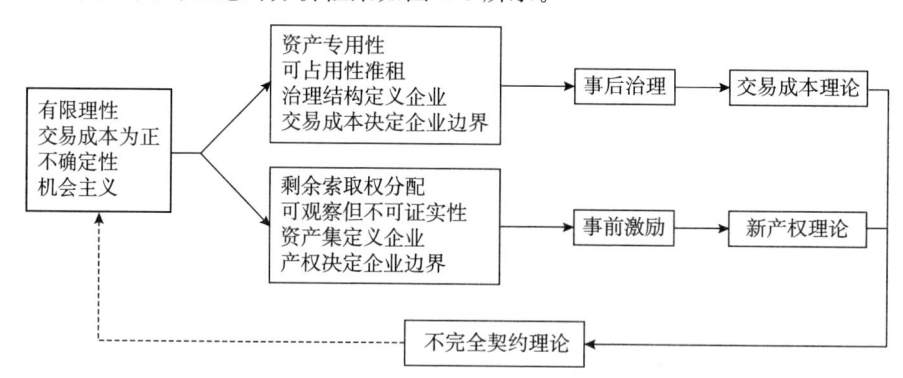

图2-3 不完全契约理论分析框架

---

[1] O Williamson. Markets and Hierarchies: analysis of antitrust implications [M]. New York: Free Press, 1975.

[2] O Williamson. The Economic Institute of Capitalism [M]. New York: Free Press, 1985: 42.

[3] O Williamson. The Mechanism of Governance [M]. New York: Oxford Univ. Press, 1996.

[4] B Klein, R Crawford, A Alchian. Vertical Integration, Appropriable Rents and the Competitive Contracting Process [J]. Journal of Law and Economics, 1978, 21: 297-326.

[5] Benjamin Klein. Transaction Cost Determinants of "Unfair" Contractual Arrangements [J]. American Economic Review, 1980, 70 (2).

[6] Sanford Grossman, Oliver Hart. The Costs and Benefits of Ownership: A Theory of Vertical and Lateral Integration [J]. Journal of Political Economy, 1986, 94: 691-719.

[7] Oliver Hart, John Moore. Property Rights and Nature of the Firm [J]. Journal of Political Economy, 1990, 98 (6): 1119-1158.

[8] Oliver Hart. Firm, Contract and Financial Structure [M]. New York: Oxford University Press, 1995.

2.2.2 交易成本理论

交易成本经济学（transaction cost economics，简称 TCE）认为缔约各方由于存在有限理性，参与人很难签订一份包含未来所有或然状况的完全契约，即使缔约各方完全理性，签订完全契约的交易成本也非常高昂，现实中仍不可行，所以，交易成本的存在使得缔约各方不愿意签订长期契约，仅签订有一定期限的短期契约，等契约期满后再重新谈判。交易成本理论认为有限理性、不确定性、契约的不可执行性导致了完全契约的不可设计。交易成本理论研究不完全契约采用了两个基本假设条件，第一个假设是认识上的假设，即假设人具有有限理性。所谓有限理性是指人们意图理性地行事，但是能够做到的程度是有限的，威廉姆森区分了三种理性：第一种理性是强理性，即新古典意义上的完全理性；第二种理性是弱理性，是演化经济学和奥地利学派主张的那种理性；第三种理性是介于前两种理性之间，是一种中等程度的理性，即有限理性。第二种假设是行为上的假设，假设人的动因天然是机会主义。所谓机会主义是指用不诚实或欺骗的手段来算计的行为，但机会主义不是单纯的自利行为，主要体现为事前的"逆向选择"和事后的"道德风险"。

（1）交易成本理论的基本逻辑

有限理性、机会主义和资产专用性共同构成了交易成本理论研究不完全契约的基础，缺一不可。资产专用性（asset specificity）是指专用性投资一旦做出，不能转为其他用途，除非付出生产性价值的损失，资产专用性越高，被锁定在某项交易上的程度越大。对于未来的不确定性，由于经济人的有限理性，不可能预见契约签订之后的各种或然状况，但是，如果没有机会主义，可以等到自然状态实现之后再签约。正是由于机会主义行为的存在，使得双方的合作面临讨价还价、中断等威胁，而资产专用性的存在，又使契约双方的交易脱离了完全竞争，进入一种双边垄断市场，资产专用性投资产生的可占用性准租（appropriable quasi rents）增加了缔约后的机会主义行为，加剧了套牢、"敲竹杠"的风险。所以，不完全契约框架下，交易成本理论的基本逻辑是以交易作为基本分析单位，每次交易视作一种契约。由于人的有限理性，人们在交易时不可能预见未来的各种或然状况，并以双方都没有争议且可被第三方证实的语言缔结契约，因此契约天然是不完全的。由于缔约各方都有机会主义倾向，都会采取各种策略行为来谋取自己的利益，因此缔约后双方不可避免地会出现拒绝合作、失调、成本高昂的再谈判等危及缔约关系持续、适应性地发展下去的情况。为了支持有价值的长期契约，就需要一种私下的治理结构在事后"注入秩序，转移冲突，实现双方共同利益"，使得不同性质的交易或契约对应于不同性质的治理结构，而最优的治理结构是能够最大限度地节约事前和事后交易费用的治理结构（杨瑞龙，2005）[1]。

(2) 契约与治理结构选择

威廉姆森（Williamson，1985）[2] 最早提出治理结构一词，他认为治理结构是决定契约关系是否完整的组织结构。根据是否存在资产专用性（K）[3]，是否有相关的保障措施（S）[4]，可以将契约分为三类，分别对应不同的价格（p），进而选择不同的治理结构。

当 $K=0$ 时，即不存在资产专用性时，无论交易是否频繁、不确定性程度如何，契约一方总可以在市场上找到很多的适合交易的另一方，而契约另一方也可以方便且没有损失地把资产转移到其他地方。在这种理想的竞争市场中，没有任何依赖关系，交易往往是一次完成，在契约关系中也不需要交易的保障措施。当 $K>0$，$S=0$ 时，在这种契约关系中，契约一方进行专用性资产投入，但是没有保障措施维护交易的持续性，一旦交易终止，专用性资产的价值将转化为沉淀成本，受到损失，所以，专用性资产投资者，为了降低自己的风险，往往会将产品的价格定在较高价格水平 P 之上。当 $K>0$，$s>0$ 时，在这种契约关系中，契约一方进行专用性资产的投入，同时契约双

---

[1] 杨瑞龙，杨其静. 企业理论：现代观点 [M]. 北京：中国人民大学出版社，2005.
[2] O Williamson. The Economic Institute of Capitalism [M]. New York: Free Press, 1985: 42.
[3] K 表示资产专用性程度。$K=0$，表示应用通用性技术时，所形成的资产也是通用性的；$K>0$，表示应用专用性技术时，相应的资产具有专用性，也就是为了满足契约中一方的需要而采用了专用性技术，形成了专用性资产，但一旦契约被终止，专用性投资就会受到损失。
[4] S 表示保障机制的强弱程度。$S=0$，表示契约关系中没有建立保障机制；$S>0$，表示契约关系中建立了保障机制。保障机制有三种类型：建立契约赔偿原则；设立交易中的契约协调机制；制定交易过程中的限制性条款。

方建立了某种形式的契约保障措施，并能很好地协调契约关系中的争议，这样交易价格往往低于价格 P。

不存在资产专用性投资的契约属于古典契约，古典契约强调法律原则、正式文件以及自我清算，即使是陌生人也可以放心交易，一旦有争议可以通过第三方来证实和解决，因此适合市场治理。存在资产专用性投资的契约通常是不完全契约，不太可能通过第三方实施，此时有两种治理选择：一是在建立一层治理结构，依靠第三方来实施契约，这种契约成为新古典契约；二是实行双方治理或统一治理，属于关系契约，如果关系契约涉及的资产专用性较高、交易频率较低，可以实行双方治理或混合治理；而对于资产专用性程度高、交易频率也高，可以实行统一治理，即一体化成企业或科层。

(3) 资产专用性与"敲竹杠"

科斯（Coase，1937[①]）认为企业的本质是对市场的替代，威廉姆森（Williamson，1985[②]）指出，如果仅仅在静态的交易成本概念下，很难说明为什么有些交易在企业内部完成，有些交易在市场完成，只有引入资产专用性，从而使交易成本动态化，才能进行市场和企业的比较动态分析。所以，威廉姆森认为企业的本质是不完全契约的治理结构，通过引入资产专用性将科斯的交易成本术语变成了一个可证实的概念。当资产专用性足够强、交易频率足够高且不确定性足够大时，由于资产专用性投资能产生专用性准租，导致契约缔结后的机会主义行为，主要是"敲竹杠"（hold up）的风险，所谓"敲竹杠"主要指规制双方的契约在分配专用性投资所产生的准租金不完全时，契约一方利用另一方已经做出专用性投资的事实，使机会主义变为现实。威廉姆森认为一体化可以减少"敲竹杠"产生的交易成本，只要一体化的收益超过成本，就可以解决失调的问题。

2.2.3 新产权理论

新产权理论（new property rights approach）是从契约不完全角度理解企

[①] Ronald Coase. The Nature of the Firm [J]. Economica, 1937, (4): 386-405.
[②] O Williamson. The Economic Institute of Capitalism [M]. New York: Free Press, 1985: 42.

业，认为企业是一种所控制的物质资产的集合，强调物质资产对人力资产的控制。新产权理论认为契约不完全的原因主要有三点：第一，在充满不确定性的世界中，契约各方的有限理性决定其不可能预料到未来发生的所有情况；第二，即使能预料到，契约各方也不能用一种共同的语言将这些或然情况写入契约；第三，即使契约各方能够对未来的计划达成一致，也是可观察但不可证实的。契约的不完全性决定了企业契约包含两种权利，一种是契约中明确写明的具体权利，另一种是契约中没有明确写明或写入成本很高的剩余权利，而企业所有权的实质是对剩余权利的控制，由于所有权会对事后控制权分配产生影响，所以，事前关系专用性投资极易受到扭曲。新产权理论研究的重点是在有限理性、不确定性、可观察但不可证实性导致的契约不完全的情况下，透过剩余索取权分配研究如何确保契约当事人的事前关系专用性投资（relationship specific investment）的激励问题。

(1) 新产权理论的分析逻辑

契约的不完全性使契约各方预期到可能会被"敲竹杠"，各方将没有足够的激励进行事前专用性投资，所以应该设计出某种最佳的产权结构以获得最大的产出。假定存在 A、B 两家独立的企业，它们各自保留对企业的物质资产所有权，两家企业拟实现一体化，假如 A 企业并购 B 企业，那么 A 企业所有者未来将拥有 B 企业的剩余控制权，因此 A 企业在与 B 企业的一体化谈判中具有更大的谈判力，从而能够获得双方一体化合作剩余的更大部分，这也就增强了 A 企业进行事前关系专用性投资的激励。而 B 企业的所有者在一体化后将失去对 B 企业的剩余控制权，在一体化谈判中 B 企业的谈判力减小，只能获得合作剩余的较少部分，预期到这个结果，B 企业的所有者进行事前关系专用性投资的激励会减弱。最佳的产权结构通常要求将企业的剩余控制权或所有权安排给投资重要的一方，或者投资不可或缺的一方，如果双方同等重要，那么就应该联合拥有所有权，如果双方的资产是严格互补的，那么最好将所有权集中在某一方，而如果双方的人力资本都是不可或缺的，那么产权结构就不再重要。

(2) GHM 基本模型

新产权理论关于企业边界或一体化的理论主要集中于格罗斯曼和哈特

(Grossman 和 Hart，1986[①])、哈特和穆尔（Hart 和 Moore，1990[②])、哈特（Hart，1995[③])的几篇重要论文，哈特（Hart，1995）对不完全契约理论及其在企业中的应用进行了概括和总结，统称为 GHM 模型。

GHM 模型认为，在不完全契约下，契约双方对事后索取权分配的不确定性会造成机会主义行为，进而导致事前的关系专用性投资不足及事后的讨价还价行为，其效率水平低于社会福利水平的一般模型。假设两个有关系性投资的厂商 F_1 和 F_2，在日期 0 进行事前关系专用性投资，在日期 1/2 自然状态实现后谈判合作新产品的类型及价格，如果谈判成功会在日期 1 进行交易和分配，如果谈判失败，契约双方将损失事前关系专用性投资的价值，契约时间轴如图 2-4 所示。

图 2-4　GHM 模型契约时间轴

模型基本假定如下：契约双方的成本和收益函数符合新古典的生产函数假定；F_1 和 F_2 关于合作新产品交易的契约是不完全的，合作新产品的类型不能确定；双方信息可观察但第三方不可证实；产权结构不改变谈判过程，但改变谈判力，契约双方采取纳什谈判解分享专用投资带来的剩余；双方谈判和再谈判的交易成本为 0。

i 为 F_1 在日期 0 的关系专用性投资，$R(i)$ 为 F_1 的收益，如果交易发生则 F_1 的事后剩余等于 $R(i)-P$；如果交易不发生，F_1 可以从外部供应商购买产品，价格为 p'，但从外部供应商购买产品或雇佣他人生产都会减少收益，此时 F_1 的收益为 $r(i;A)$（$r(i;A)<R(i)$），A 代表交易失败时 F_1 拥有的资产集，交易不发生时 F_1 的事后剩余等于 $r(i;A)-P'$。可见，交易不发生时的事后剩余小于交易的事

---

① Sanford Grossman, Oliver Hart. The Costs and Benefits of Ownership: A Theory of Vertical and Lateral Integration [J]. Journal of Political Economy，1986，94：691-719.

② Oliver Hart, John Moore. Property Rights and Nature of the Firm [J]. Journal of Political Economy，1990，98（6）：1119-1158.

③ Oliver Hart. Firm, Contract and Financial Structure [M]. New York: Oxford University Press，1995.

后剩余，即 $r(i;A) - P' < p' < R(i) - P$。

e 为 F_2 在日期 0 的关系专用性投资，$C(e)$ 为 F_2 的生产成本，如果交易发生则 F_2 的事后剩余等于 $P - C(e)$；如果交易不发生，F_2 可以在现货市场出售产品，但需要对产品进行修改或者付出其他成本，以生产出最终产品，产品价格是 p'，此时 F_2 的生产成本为 $c(e;B)$，B 代表交易不发生时 F_2 拥有的资产集，交易不发生时 F_2 的事后剩余为 $P' - c(e;B)$。

因此，交易发生时，F_1 和 F_2 的事后总剩余为 $R(i) - P + P - C(e) = R(i) - C(e)$；如果交易不发生而各自寻找市场交易时，$F_1$ 和 F_2 的事后总剩余为 $r(i;A) - P' + P' - c(e;B) = r(i;A) - c(e;B)$，假设交易剩余总为正，并且关系性专用投资产生的剩余要大于非专用性投资的剩余，则 $R(i) - C(e) > r(i;A) - c(e;B) \geqslant 0$。那么，可占用准租为 $[R(i) - C(e)] - [r(i;A) - c(e;B)]$。根据假设，契约双方谈判约定按照纳什均衡解来分配事后剩余，则

$$(R-P) - (r-P') = (P-C) - (P'-c) \Rightarrow P = P' + \frac{1}{2}(R-r) + \frac{1}{2}(C-c)$$

$$\pi_1 = R - P = R - \left[P' + \frac{1}{2}(R-r) + \frac{1}{2}(C-c)\right] = -P' + \frac{1}{2}(R+r) - \frac{1}{2}(C-c)$$

$$\pi_2 = P - C = \left[P' + \frac{1}{2}(R-r) + \frac{1}{2}(C-c)\right] - C = P' + \frac{1}{2}(R-r) - \frac{1}{2}(C+c)$$

根据科斯定理，在理想状态下，契约双方总可以通过一次性总付的再分配实现帕累托改进，总剩余最大化的最优投资解为

$$\mathrm{Max} R(i) - i - C(e) - e; R'(i^*) = 1; |C'(e^*)| = 1$$

然而，由于契约是不完全的，契约双方都担心对方具有机会主义倾向，因此最优投资解几乎很难实现，契约双方会在日期 0 选择不合作态度进行投资，则

$$\mathrm{Max}_i \pi_1 - i = -P' + \frac{1}{2}[R(i) + r(i;A)] - \frac{1}{2}[C(e) - c(e;B)] - i$$

$$\mathrm{Max}_e \pi_1 - e = P' + \frac{1}{2}[R(i) - r(i;A)] - \frac{1}{2}[C(e) + c(e;B)] - e$$

此时，根据纳什均衡的充要条件得次优的投资解为（对上式分别求导）

$$\frac{1}{2}R'(i) + \frac{1}{2}r'(i;A) = 1; \frac{1}{2}|C'(e)| + \frac{1}{2}|c'(e;B)| = 1$$

在给定契约不完全条件下，契约双方的事前投资选择次优投资解，满足 $i<i^*, e<e^*$，关系性投资导致投资不足。如果 F_1 增加投资，虽然事后收益将增加，但 $\frac{1}{2}R'(i)+\frac{1}{2}r'(i;A)<R\frac{1}{2}(I)$，增加的部分将外溢给 F_2，自利的选择最终导致事前投资不足。

通过 GHM 模型可以得到以下主要结论：在不完契约条件下，任何一种所有权结构都存在事前关系专用性投资的激励不足；如果 F_1 和 F_2 的资产是相互独立的，那么不合并是最优的；如果 F_1 和 F_2 的资产是严格互补的，那么合并是最优的；如果 F_1（或 F_2）的人力资本是必要的，那么合并是最优的；如果 F_1 和 F_2 的人力资本都是必要的，那么所有的所有权结构都是同等好的，合作形式不再重要。GHM 模型采取的是合作博弈方法，采用的解是纳什谈判解或夏普利值，如果采取非合作博弈方法，采用鲁宾斯坦因轮流出价谈判解，并考虑外部选择权起约束作用时，结论将与 GHM 模型的结果完全相反。

2.3 关系契约理论

古典契约理论建立在完全竞争市场条件下，所有与交易相关的信息都能够获得和描述，并且没有任何交易成本，事前可以明确预期所有可能发生的情况并写入契约，事后可以完全执行。古典契约理论是在确定性条件下存在的契约理论，可以理解为一种理想的契约理论，而新古典契约理论是建立在不确定性条件下，出于机会主义行为难以避免的判断，新古典契约强调第三方的介入并进行裁决和执行。然而，在充满不确定性和机会主义行为的现实世界中，古典契约理论和新古典契约理论的解释力受到了极大的约束和挑战。关系契约理论正是在对古典契约理论和新古典契约理论的现实解释力不足中产生的。

一般认为最早关于关系契约的讨论是来自美国的法律社会学家 Macaulay (1963)[1] 的一篇广为引用的文章《商业中非契约性关系的初步研究》，他认为

---

[1] Stewart Macaulay. Non-Contractual Relations in Business: A Preliminary Study [J]. American Sociological Review, 1963, 28: 55-67.

现实商业关系中大量存在的关系和信任是合作的基础，企业之间非正式的、不涉及法律的非契约关系在交易中居于支配地位。他的一个经验性分析结果表明许多交易并非完全理性的，纠纷常常是在并不借助于契约、潜在的或实际的法律裁决的情况下解决的。Macneil 在 Macauly 的影响下认为，关系契约可以被理解为这样一种契约，它虽不考虑所有的未来偶然性，但却是一种长期性契约安排，在这种安排中，过去、现在和预期未来的个人之间的关系在契约各方之间非常重要（Macneil，1974）[1]。之后，Williamson（1985）[2] 把关系契约引入交易成本理论，认为关系契约适用于解决由于资产专用性投资造成的事后机会主义行为，是对正式契约的补充。Baker（2012）[3] 把关系契约定义为契约双方就一些第三方（如法院）无法证实的内容而达成的非正式协议，与正式契约依赖法院的执行不同，关系契约是依靠未来合作的价值来维系的。有限理性决定了契约中难免存在漏洞，并且这些漏洞又无法由法律来弥补，这就要求关系契约的设计需要让不履约的收益总小于履约所带来的长期收益，以维系契约关系，而信任、声誉等非正式规则在关系契约治理中表现为核心作用。可见，关系契约是一种隐性的、非正式的和非约束性的长期契约安排。

关系契约理论主要讨论契约双方之间复杂的长期履约关系。由于有限理性、交易成本的存在，机会主义行为不可避免，在不完全契约条件下由第三方法律裁决这些问题并不能具有有效性和实操性，有可能还会带来更大的"敲竹杠"问题。完全第三方履行契约和完全自我履约协议作为契约履约技术工具的两个极端，适用范围有限且具有严格的实现条件，这也就决定了需要依靠关系契约治理作为正式契约理论的补充，以保证长期契约的履行。关系契约理论的履约机制主要包含交易治理和自我履约机制两部分，如图 2-5 所示。

---

[1] Macneil I R. The Many Futures of Contracts [J]. Southern California Law Review，1974，47：691-816.
[2] O Williamson. The Economic Institute of Capitalism [M]. New York：Free Press，1985：42.
[3] Baker G，Gibbons R，Murphy K J. Relational contracts and the theory of the firms [J]. The Quarterly of Economics，2002，1：39-83.

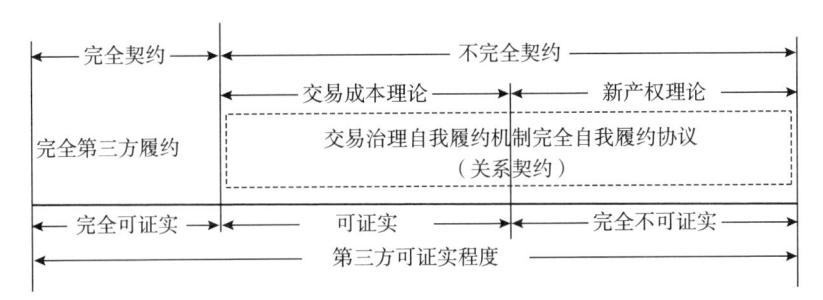

图 2-5 关系契约理论的履约机制与适用范围

2.3.1 关系契约的交易治理

Williamson 认为契约各方的有限理性、机会主义行为以及不确定性注定契约的不完全性，关系契约产生的原因正是可以通过较小的成本治理由资产专用性投资带来的"敲竹杠"问题。Williamson 提出由关系契约治理补充正式契约的第三方法律治理的思想，以有限理性和机会主义行为为基本假设，以交易为基本单位，通过交易频率、资产专用性程度划分不同的交易类型，并对应不同的契约类型给予不同的治理结构，根据具体交易频率-资产专用程度，划分出四种类型的治理结构，如图 2-6 所示。

图 2-6 威廉姆森有效治理

（1）市场治理。在非资产专用性条件下，对于偶然性和重复交易可以采取契约的市场治理结构。市场治理依赖于市场的非人格化交易，契约可以清晰涵盖交易的全部内容并且符合法律要求，契约双方按照契约进行履约可以实现交易的收益最大化，交易成本最低。

(2) 三方治理。在"混合"和资产专用性投资程度较高的条件下，对于偶然性的交易可采取三方治理结构。在这种情况下，单纯依靠市场本身会产生与变更合作伙伴有关的更大的成本，而三方治理的含义是借助第三方的帮助来解决纠纷，通过第三方对契约双方做出评价。

(3) 双方治理。在"混合"和资产专用性投资程度较高的条件下，对于重复性的交易可采取双方治理结构。在这种情况下，契约双方因资产专用性投资程度较高，又发生重复性交易，所以契约双方形成了依赖关系，而交易又具有非标准交易的性质，会出现根本性改变（fundamental transformation）问题，交易双方的自治可得到保证，不会"融为一体"，契约双方需要依靠关系性契约来获得合作的"最优解"。

(4) 统一治理。在资产专用性投资程度较高的条件下，对于重复性的交易可采取统一治理。这种情况实际是纵向一体化的情形，由于交易具有更多的资产专用化特征，市场间交易的激励将越来越弱，纵向一体化后无需商议、设计企业间的契约，可以做到适时调整，有利于降低交易成本，使联合利润最大化。

Williamson 的交易治理结构阐明了关系契约治理的适应性和私人秩序问题，提出了私人秩序代替和补充法律秩序的思想，强调非正式的关系契约是对正式契约的补充，并把关系契约引入交易的治理当中，而其内在的核心问题是契约的关系适应性有利于降低交易成本。

2.3.2 关系契约的自我履约机制

契约的履行需要通过一定的机制来保证，如市场规则履约、第三方仲裁履约以及契约的强制执行等，关系契约的契约履行除交易治理外主要通过契约双方之间存在的自我履约机制来实现。自我履约机制是一种非正式规则，是不依赖于法院强制实施契约条款的"隐性契约"实施机制，依靠私人自我实施的机制来防止机会主义行为，主要包括声誉机制、信任机制及惩罚约束机制等。

(1) 声誉机制

在完全信息条件下，无论博弈存在多少次，只要是有限的重复，理性的契约方都会在利益最大化的诱导下采取机会主义行为，都不可能导致参与人的合作行为，而在不完全信息条件下，当存在多次重复博弈时，契约方为了获得长期收益而在交易中建立声誉，"坏人"可能在相当长的时间内表现的像"好人"一样，声誉机制影响下的自我履约机制得以实现。

Fama（1980）[①]较早提出经理人市场竞争作为激励机制的想法，在竞争性的经理人市场，经理人的价值取决于过去的经营业绩，也就是声誉，他认为从长期看，即使没有基于产出的显性激励，为了积累自己未来的人力资本、扩大声誉，会促使经理人努力工作。克瑞普斯、米尔格罗姆、罗伯茨和威尔逊（Kreps、Milgrom、Roberts 和 Wilsom，1982[②]）的声誉模型（也称KM-RW 模型）对有限重复博弈中的声誉效应（合作）做了很好的解释，模型证明了只要博弈次数足够多，合作行为在有限次重复博弈中就会出现。Kreps 等人的思想被总结为 KMRW 定理，在 T 阶段重复囚徒博弈中，如果每个囚徒都有 $p>0$ 的概率是非理想的（即只选择"针锋相对"或"冷酷战略"），如果 T 足够大，那么存在一个 $T_0<T$，使得下列战略组合构成一个精炼贝叶斯均衡：所有理性囚徒在 $t\leqslant T$ 阶段选择合作，在 $t>T_0$ 阶段选择不合作；并且，非合作阶段的数量（T_0-T）只与 p 有关而与 T 无关（张维迎，2004）[③]。该模型说明了，在长期契约关系中，契约双方都致力于维护声誉，虽然短期内声誉并不能带来利益最大化，但是长期的合作收益补偿决定了建立声誉是最优选择。

契约方为获得声誉需要付出专用性资产，而是否为获得声誉进行专用性资产投资则取决于能否获取一定的市场回报，市场回报也就是建立声誉机制

---

① Fama, E. Agency Problems and the Theory of the Firm [J]. Journal of Political Economy, 1980, 88 (2): 288-307.

② Kreps D, P Milgrom, J Roberts, R Wilson. Rational Cooperation in the Finitely Repeated Prisoners Dilemma [J]. Journal of Economic Theory, 1982, 27: 245-252.

③ 张维迎. 博弈论与信息经济学 [M]. 上海：格致出版社, 上海三联书店, 上海人民出版社, 2012.

的激励安排。Klein 和 Leffler（1981）[①] 以及 Shapiro（1983）[②] 的一个简化模型讨论了这个问题。假设有如下垄断情况：一个买者和大量的买者，卖者提供高质量（$q=1$）和低质量（$q=0$）的两种产品；在购买时间 t，买者不能区分购买到产品的质量类型，只有在 $t+1$ 期后能够判断产品的质量；卖者每期生产的产品数量固定不变，生产高质量产品的单位成本是 c_1，生产低质量产品的单位成本是 c_0，$c_1 > c_0$；买者是同质的，购买一单位质量为 q 的商品价格是 p_q，τ 表示偏好，买者的净收益函数为 $U^n = \tau q - p_q$，如果买者不购买，则 $U^n = 0$；每期卖者可以自由决定其产品质量，高质量产品的价格为 $p_1 > 0$，低质量产品的价格为 $U^n = 0$；每期市场利率 i 给定，不随时间而变化，折现因子 $\delta = 1/(1+i)$ 不变。

第一种情况，在时刻 t，买者对产品的质量预期建立在卖者在时刻 $t-1$ 的声誉，假设买者刚开始时认为卖者在第一期会提供高质量的产品，并且卖者知道买者的这种想法，买者知道卖者的策略，卖者在第一期提供高质量商品（$q=1$），获得价格 p_1，如果卖者提供低质量商品（$q=0$），低质量产品的价格为 $p_0 = 0$，买者将停止购买。在此条件下，卖者保持较高声誉是最优选择，(q_1, p_1) 是声誉均衡。在一个无限的时间维度中，卖者的利润现值是

$$(p_1 - c_1)(1 + \delta + \delta^2 + \cdots) = \frac{p_1 - c_1}{1 - \delta} = \left(\frac{1+i}{i}\right)(p_1 - c_1)$$

第二种情况，卖者发生机会主义行为，即卖者以价格 p_1 销售低质量产品，此时卖者在本期将获得 $p_1 - c_0$ 的利润，但是下一期卖者将不会产生利润，因此，声誉均衡的一个必要条件就是诚实所得需要大于机会主义行为的所得：

$\left(\dfrac{1+i}{i}\right)(p_1 - c_1) \geqslant p_1 - c_0$ 或 $p_1 \geqslant c_1 + i(c_1 - c_0)$（放弃机会主义行为的条件）

如果卖者在 t 期降低产品质量，可以节省生产成本 $(c_1 - c_0)$，但将失去 $t+1$ 期的预期利润，所以卖者的声誉租金为 $(p_1 - c_1)(\delta + \delta^2 + \cdots) = \dfrac{p_1 - c_1}{i}$。

[①] Klein B, K B Leffler. The role of market forces in assuring contractual performance [J]. Journal of Political Economy, 1981, 89 (4): 615-641.

[②] Shapiro C. Premiums for high quality products as returns to reputations [J]. The Quarterly Journal of Economics, 1983, 98 (4): 659-680.

如果卖方可自由进入，潜在进入者为获得市场份额可以选择在第一期以牺牲正利润的较低价格销售高质量的产品，那么原有的卖者为获得声誉租金，需要通过价格设定一个上限，阻止潜在进入者进入，以保持其垄断地位，即使第一期进入者可以进入，但以后各期潜在进入者仍不能获得超额利润，实现潜在进入者知难而退的目的，这就决定了原有卖者的价格 p_1 需要小于高质量产品的投入成本 c_1 与成本 c_1 的利息和，即 $p_1 \leqslant (1+i)c_1$。

因此，声誉均衡中价格 p_1 的取值区间是 $(1+i)c_1 - ic_0 \leqslant p_1 \leqslant (1+i)c_1$，这样就可以保证声誉租金的实现。如果契约一方可以得到一个持续的声誉租金，就可以避免机会主义行为，声誉租金是声誉机制实现的物质激励安排。

(2) 信任机制

信任是企业把一次性博弈转化为重复博弈的有效机制，是声誉机制的载体（Kreps，1990）[①]。信任作为一种非正式规制，在自我履约机制中具有重要的作用。经济学对信任问题的研究习惯从重复博弈的角度进行分析，在某种制度下，若博弈会重复发生，人们更倾向于相互信任（张维迎，2001）[②]。对交易各方而言，信任的作用在于能够提供稳定的心理预期，从而能够降低信息不对称下的交易成本（Williamson，1975）[③]。契约双方在面对契约外不可预见的事件发生时，较高的信任可以促使契约双方更好地达成协议，以保持契约的持续履约，而较低的信任则会更有利于发生事前或事后的机会主义行为。

张维迎（2002）[④] 认为影响信任形成的因素主要是影响社会成员之间重复博弈可能性的因素，主要包括产权、社会的中介组织、交易设施等。Zucker、Lynne G.（1986）[⑤] 在其论著中认为信任机制主要有三种，包括：基于历史记录而形成的声誉信任机制；基于社会特征相似性而形成的认同性信任机制；

---

① Kreps D. A course in Microeconomic Theory [M]. Princeton: Princeton University Press, 1990.

② 张维迎. 产权、政府与信任 [M]. 上海：三联书店，2001.

③ O Williamson. Markets and Hierarchies: analysis of antitrust implications [M]. New York: Free Press, 1975.

④ 张维迎. 信任及其解释：来自中国的跨省数据调查 [J]. 经济研究，2002 (10)：59-70.

⑤ Zucker, Lynne G. Production of Trust: Institutional Sources of Economic Structure, 1840—1920 [J]. Research in Organizational Behavior, 1986 (8)：53-111.

基于规章、制度基础上的法律、法规所形成的制度信任机制。

(3) 惩罚约束机制

自我履约机制可以通过对契约一方的违约行为进行惩罚来保证契约的履行，惩罚机制主要有两个渠道施加给违约方，一个是终止契约关系，给违约方造成资产专用投资的现值损失，另一个是使违约方的声誉贬值，使其不诚实行为让更多的交易者清楚，使违约方未来的可信性承诺不再可信。惩罚约束机制有利于解决"敲竹杠"问题，假设以 C 表示惩罚成本，以 R 表示"敲竹杠"的收益，契约方在做出违约还是履约时会比较 C 和 R 的大小，如果违约的惩罚成本 C 大于"敲竹杠"的收益 R，违约方考虑到惩罚的损失，会增加履约的动机，契约则会实现履约。惩罚机制的作用在于将违约的机会成本强加给企图实施"敲竹杠"的违约方，只要惩罚约束机制足够大，就有利于抑制机会主义行为，促进自我履约机制的实施。

2.4 混合所有制契约问题研究的理论分析视角

中国国有企业发展混合所有制在混合所有制契约关系缔结与混合所有制契约关系履行两方面都存在阻碍中国国有企业深化发展混合所有制的显著问题。基于完全契约理论、不完全契约理论和关系契约理论的契约理论综合分析框架不仅有利于在理论上更加清晰地解释中国国有企业发展混合所有制的契约问题的成因与机理，更有利于为解决相关契约问题及提出、完善和促进混合所有制契约关系发展的政策建议提供理论支撑。

中国国有企业发展混合所有制的契约问题研究的契约理论分析视角如图 2-7 所示。按照混合所有制契约关系发展的演进过程，本书应用完全契约理论重点分析混合所有制契约关系缔结前基于信息不对称的契约对象选择与契约设计问题，偏重于机制设计理论；应用不完全契约理论分析混合所有制初始契约不完全情况下的激励设计及契约履行与治理问题；应用关系契约理论分析混合所有制契约关系履行的自我履约机制设计问题。本书通过三种不同的契约理论对混合所有制契约关系发展过程中的契约缔结、契约再谈判及契约履行等问题进行具体分析,针对混合所有制契约缔结的逆向选择问题以及混合目标冲突问题,通过理论相关模型构建与推导,从股权分配与激励机制方面系统阐述如何在多重目标选择下处理好多重委托代理关系,以实现国有企业与私有企业在利益选择一致基础上的约束与激励有效;针对混合所有制初始激励契约的不完全性而导致的"敲竹杠"等问题,通过相关模型的构建与推导,从混合所有制治理结构的调整和剩余权利的合理配置两方面分析混合所有制契约再谈判问题,以减少混合所有制"敲竹杠"问题的发生概率,降低混合所有制事后的交易成本,促进混合所有制资产专用性的有效投入;针对混合所有制正式契约的不完全性以及混合所有制契约关系发展的制度路径依赖问题,通过重复博弈的思路建立混合所有制关系契约治理机制,即通过声誉机制与信任机制形成混合所有制契约关系的自动履约机制,以弥补混合所有制正式契约的不足,促进混合所有制的契约履行和治理效率。

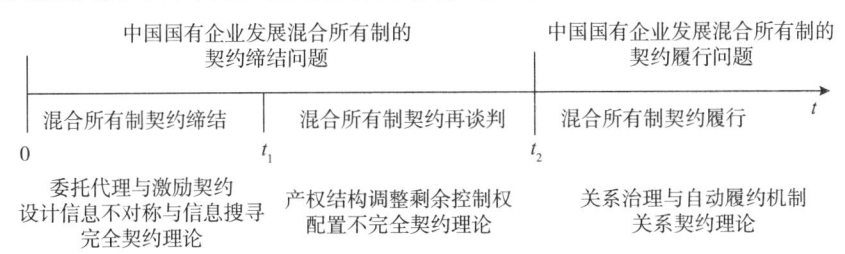

图 2-7 中国国有企业发展混合所有制的契约问题研究的契约理论分析视角

2.5 小 结

本章主要对契约理论进行了理论综述,综合论述了完全契约理论、不完全契约理论和关系契约理论的主流分析框架,为中国国有企业发展混合所有制的契约问题研究奠定了理论基础,同时在综合运用契约理论的基础上,提出混合所有制契约问题研究的契约理论分析视角。

第 3 章　中国国有企业发展混合所有制的历程与契约问题

　　回顾中国国有企业发展和改革进程，从 1953 年到 2013 年的 60 年间，中国国有企业的发展与改革大致经历了成长期（1953—1957 年）、彷徨期（1958—1965 年）、停滞期（1966—1978 年）、放权让利与承包经营（1979—1993 年）、建立现代企业制度（1994—2003 年）以及建立和完善国有资产管理体制（2004—2013 年）六个阶段。虽然中国国有企业在发展和改革的 60 年内取得了瞩目的成绩，但是，中国国有企业效率仍有待提高，诸如政企仍未分离、产权改革停滞不前、垄断和不公平竞争尚未打破、预算软约束、激励约束机制不健全、创新和实际盈利能力不足，以及中国国有企业借助强势地位挤压民企造成的资源配置损失等阻碍中国国有企业发展的一些根本性障碍仍亟待改革。2013 年中国共产党召开了第十八届三中全会，会议明确提出混合所有制作为新一轮国企改革的方向，国企改革由此进入了新的历史阶段。虽然中国共产党第十八届三中全会明确指出了中国国有企业发展混合所有制的国企改革新方向，但是，混合所有制的现实发展中仍然存在诸多问题，影响和制约着中国国有企业的混合所有制转变。

　　本章首先把中国国有企业发展混合所有制的历程分为萌芽（1980—1993 年）、实践探索（1993—2013 年）和深化发展（2013 年至今）三个发展阶段，并对中国国有企业发展混合所有制的各阶段状况和特点进行了概述。其次，在中国国有企业发展混合所有制的现实历程的基础上梳理和提出中国国有企业发展混合所有制存在的诸如混合顾虑、混合壁垒、混合对象逆向选择及混合目标冲突等混合所有制契约关系缔结问题，以及混合所有制资产专用性投入不足、"敲竹杠"与控制权争夺及制度路径依赖等混合所有制契约关系履行问题。

3.1 中国国有企业发展混合所有制的历程

我国混合所有制发展的实践早于理论探索，改革开放初期出现的各种经济联合体已经具有一定的混合所有制性质，而"混合所有"最早出现在我国官方文件是中国共产党十四届三中全会通过的《中共中央关于建立社会主义市场经济体制若干问题的决定》，"混合所有制"出现在官方文件则是在党的十五大报告中。随着十五大正式提出混合所有制这一概念，之后的中共第十五届四中全会、党的十六大、中共第十六届三中全会、党的十七大、中共第十八届三中全会都一以贯之、由浅入深地引导、鼓励国有企业的混合所有制发展。回顾中国国有企业发展混合所有制的历程可以发现，中国国有企业发展混合所有制大致可划分为三个发展阶段，分别是萌芽阶段（1980—1993年）、实践探索阶段（1993—2013年）和深化发展阶段（2013年至今）。

3.1.1 中国国有企业发展混合所有制的萌芽阶段

改革开放初期，乡镇企业与国有企业联营、乡镇企业与个体农户联营，以及乡村集体企业与农户私营企业联营等形式实际上就是两种混合所有制的联合，是农村中最早的混合所有制经济的典型形式（伯娜，2007）[①]，这些合作经济体，多数反映的是一些农户、农户私营企业或乡村集体企业利用土地、劳动力等资源优势与国有企业的资金和技术优势相结合，通过取长补短，实现联合共赢。20 世纪 80 年代中期，部分小型国有企业转为集体所有制企业，甚至私有企业，还有一些出现了股份制，这一阶段的改革虽然在当时存在争

---

① 伯娜. 改革开放以来混合所有制经济及其发展[J]. 特区经济，2007（7）：272-273.

议，但国有企业发展混合所有制已具有了早期萌芽。直到 1986 年，国务院做出决定，允许地方国有企业选择少数大中型企业进行股份制改革，国有企业的股份制改革拉开帷幕，到 1988 年底，全国 3 800 家股份制企业，其中 800 家是国有企业转制完成的。1992 年国务院颁布了《股份制企业试点办法》《股份有限公司规范意见》《有限责任公司规范意见》《股份制试点企业财务管理若干问题的暂行规定》等 11 个法规，引导股份制试点走向规范化。

3.1.2 中国国有企业发展混合所有制的实践探索阶段

自 1993 年中国共产党第十四届三中全会首次提出"混合所有"概念后，关于混合所有制的引导政策不断出台，如 1997 年，党的十五大首次提出"混合所有制经济"，提出股份制社会主义可以用，提出建立现代企业制度的国有企业改革方向，要求对国有大中型企业实行规范的公司制改革，使企业成为适应市场的法人实体和竞争主体；1999 年发布的《中共中央关于国有企业改革和发展若干重大问题的决定》提出大力发展股份制和混合所有制经济；2002 年，党的十六大要求国有企业积极推行股份制，发展混合所有制经济，明确建立国有资产管理体制，提出"除极少数必须由国家独资经营的企业外，积极推行股份制，发展混合所有制经济。实行投资主体多元化，重要的企业由国家控股"；2003 年发布的《中共中央关于完善社会主义市场经济体制若干问题的决定》提出建立国有资本、集体资本和非公有资本等参股的混合所有制经济，实现投资主体多元化，股份制成为公有制的主要实现形式；2005 年发布的《国务院关于鼓励支持和引导个体私营等非公有制经济发展的若干意见》（简称"非公 36 条"）提出"非禁即入"原则，鼓励个体私营企业积极发展混合所有制；2010 年发布的《国务院关于鼓励和引导民间投资健康发展的若干意见》（简称"新非公 36 条"）进一步细化了民间投资覆盖的行业领域，这些文件的出台都积极促进了国有企业发展混合所有制的实践探索。

20 世纪 90 年代以后，以改革开放不断推进，随着国外资本越来越多地参与到我国的经济建设中，以外商投资为主体的混合所有制迅速发展，"三资"企业中的外商联合国内国有企业、集体企业创办的中外合资企业以及中外合作企业都是混合所有制企业的表现形式。例如 TCL 公司就是在外商投资的机遇中发展起来的。从 1990 年开始，经过几年的实践，TCL 发展成三级企业组成的多种所有制形式并存的混合所有制集团企业，其一级企业为国有独资集团公司，二级企业为公众公司，三级企业为中外合资或股份合作制公司；此外，比如中国的国有汽车企业多数都是在这一时期借助外资企业技术、资本成立的一级或二级股份制合资企业，也都是国有企业发展混合所有制的形式。20 世纪 90 年代中后期以后，国有企业改革促进了国有控股、参股企业的迅速发展，民营企业发展空间也随之增大，国有企业与民营企业结合的混合所有制发展不断深入。以混合所有制发展较快的浙江为例，1997 年以后，浙江全面推行国有、城镇集体产权制度改革，截至 2003 年底，国有企业改制面达 97.81%，城镇集体企业改制面达到 98.62%，改制成混合所有制企业的占 90%（徐善长，2006）[1]。2008 年沪深 300 指数的 300 家成分公司中，混合所有制企业达到 42 家，普及度为 14%，通过调研改制国有企业的 950 家样本中，混合所有制的普及度达到 80% 左右（张文魁，2015）[2]。从 2005 年到 2012 年，根据股票市场发行的可转债统计，我国现有的国有控股上市公司引入民间投资达 638 项，金额达 15 146 亿元人民币，到 2012 年底，在 378 家由中央国有企业及其子公司控股上市的公司中，已经超过比重 53% 是非国有股权（邹硕，2016）[3]。

3.1.3 中国国有企业发展混合所有制的深化发展阶段

2013 年中国共产党召开的第十八届三中全会再次拉开改革大幕，明确提出国企改革的混合所有制发展方向，提出混合所有制经济是基本经济制度的重要实现形式，鼓励非公有制企业参与国有企业改革，鼓励发展非公有资本控股的混合所有制企业；2015 年发布的《关于国有企业发展混合所有制经济的意见》又明确提出了深化国有企业改革的重要举措，在两个重要文件的顶

---

[1] 徐善长. 江浙混合所有制经济发展调查 [J]. 宏观经济管理，2006（4）：33-36.
[2] 张文魁. 混合所有制的公司治理和公司业绩 [M]. 北京：清华大学出版社，2015.
[3] 邹硕. 国有企业混合所有制改革对策研究 [D]. 武汉：湖北工业大学，2016.

层设计下,无论在数量、特征方面还是行业领域分布,国有企业发展混合所有制已进入深化发展阶段。

从中国国有企业发展混合所有制的数量上看,截至2014年底,全国工商登记注册存续企业共有1 819.28万户,其中,非国有投资企业1 782.11万户,占97.96%,国有投资企业37.17万户,占2.04%,37.17万户国有投资企业中,国有全资企业20.03万户(含国有独资企业18.89万户),占53.89%;国有非全资企业,即混合所有制企业17.14万户,占46.11%,在17.14万户混合所有制企业中,可以分清混合类型的企业共11.41万户,其中,仅含私营企业投资的混合所有制企业数量最多,占38.26%,仅含自然人投资的混合所有制企业,占36.49%,两者合计达74.75%,加上既含私营企业投资,又含自然人投资者的11.60%,共计86.35%,绝大多数混合所有制企业是国有资本与国内私人资本的合资企业;根据对企业成立时间和非国有资本进入时间对比分析,大致1/3混合所有制企业为国有资产存量改制形成的,2/3为国有资本与非国有资本共同出资新设成立的;从注册资本看,国有投资企业占全部企业的37.28%,混合所有制企业占国有投资企业的50.15%、占全部企业的18.69%,无论从数量还是注册资本看,在国有投资企业中混合所有制企业都已经占到一半左右(肖庆文,2016)[①]。

从中国国有企业发展混合所有制的特征来看,竞争性领域国有企业的混合所有制发展较快,中央企业的子公司、孙公司混合力度大,而混合所有制的发展形式主要是成立新公司和增发以及股权转让,此外,混合所有制的股权激励或员工持股实施有效。

从中国国有企业发展混合所有制的行业布局来看,农业、林业、畜牧业、渔业、批发和零售业、房地产业、住宿和餐饮业、居民服务、修理和其他服务业、制造业、科学研究和技术服务业、文化、体育和娱乐业等行业中,混合所有制企业注册资本占国有投资企业比重均在50%以上;电力、热力、燃气及水生产和供应业,采矿业,交通运输,仓储和邮政业,金融业,水利,环境和公共设施管理业,租赁和商务服务业,信息传输、软件和信息技术服务等行业中除金融和采矿业外,混合所有制企业注册资本占国有投资企业比

---

① 肖庆文. 混合所有制企业数量、类型和行业分布[N]. 中国经济时报,2016-2-1.

重均低于50%。金融和采矿业混合所有制企业注册资本占比虽高，但混合所有制企业注册资本中非国有资本占比并不高（肖庆文，2016）①。

3.2 中国国有企业发展混合所有制存在的契约缔结问题

从中国国有企业发展混合所有制的历程可以发现，中国国有企业发展混合所有制既有政策引导又有实践积累，在经历了萌芽、实践探索两个阶段的发展后，中国国有企业无论是在混合所有制的发展数量方面还是在行业覆盖方面都取得了显著的成绩，中国国有企业发展混合所有制已然进入深化发展的重要阶段。但是，随着中国国有企业发展混合所有制的不断深化，无论是数量方面还是质量方面，中国国有企业发展混合所有制都面临着更大的挑战和更高的发展要求。尤其是中国国有企业发展混合所有制存在的混合所有制契约缔结问题，不仅会影响国有企业的混合所有制深化发展步伐，还制约着混合所有制的发展效率。

3.2.1 混合所有制契约缔结的混合顾虑问题

中国国有企业发展混合所有制可以通过国有企业资源优势与私有企业制度优势的结合，实现国有企业与私有企业的共同发展，但是，国有企业与私有企业在对于混合所有制的发展问题上都存在一定的顾虑，这也就导致了国有企业与私有企业的混合主动性不强，在混合所有制契约关系缔结中表现出等待、观望的混合态度。

国有企业的混合顾虑。国有企业长期政企不分的行政机制导致国有企业领导者对于体制变化具有抵触心理，一方面，国有企业的混合顾虑表现为发展混合所有制具有因国有资产流失而需要承担责任的政治风险以及改制后董

---

① 肖庆文. 混合所有制企业数量、类型和行业分布[N]. 中国经济时报，2016-2-1.

事会管理下的个人政治前途的不确定性,另一方面,部分国有企业在行政垄断的庇护下具有较高的营业收入,发展混合所有制后,如果行政垄断仍然存在,私有企业将参与行政垄断收入分配,国有企业具有利益分配的抵触心理,不愿意私有企业参与分配;如果行政垄断优势逐步被市场竞争代替,则失去垄断收入后,国有企业又具有被市场优胜劣汰的顾虑,两方面的顾虑使国有企业在混合所有制契约缔结中表现出主动性不强。

私有企业的混合顾虑。私有企业参与混合所有制发展既有诱惑又有顾虑,一方面私有企业想通过混合所有制参与国有企业长期垄断和具有优势的领域,以借助国有企业的资源基础优势获得长期的发展和收益,但另一方面,由于国有企业自身体量较大,混合后难免没有话语权和剩余索取权,混合后可能陷入国有企业发展的低效率,存在套牢的风险,同时,发展混合所有制,私有企业也具有国有资产流失的政治风险,恐因混合而遭受骗取国有资产的罪名。此外,2005年和2010年先后出台的"非公36条"和"新非公36条"出现的"玻璃门""弹簧门""旋转门"等问题使私有企业心存顾虑,不确定和观望的态度难以避免。

3.2.2 混合所有制契约缔结的混合壁垒问题

中国国有企业发展混合所有制存在"甩包袱"的问题,部分国有企业对优质资产和优势领域给予混合限制,仅放开不良资产或问题领域,开放行业的利润率偏低或者亏损。有些领域的国有企业在母公司层面,对具有优势和高利润回报的主营业务给予保护,仅在非主营业务或具有较强竞争性业务环节对子公司放开混合所有制改革。此外,地方政府出于地方政绩的内在要求,具有强烈的地方保护主义倾向,在混合所有制发展中设置较高的混合门槛。这样,私有企业想混合的行业领域存在混合的进入壁垒,而开放领域的利润又太低或者回报周期太长,造成混合所有制契约缔结的阻碍。尤其是具有一定规模的国有企业,混合所有制发展相对滞后,根据近三年(2016年、2015年、2014年)统计年鉴数据可以发现,2013年、2014年、2015年规模以上国有工业企业数分别是3 957个、3 450个和3 234个,规模以上国有工业企业总体基数还比较大，而数量变化比例呈现出减弱的趋势。

3.2.3 混合所有制契约缔结的逆向选择问题

中国国有企业发展的混合所有制在混合对象的选择中，由于诚信机制和信息披露制度的不健全以及国有企业与私有企业利己的信息保护，混合信息存在不对称性，这样就容易形成混合所有制契约缔结的逆向选择问题。国有企业与私有企业混合主要是想借助私有企业的制度优势，然而私有企业的内部管理效率、企业文化等软实力具有信息的隐蔽性和隐藏性，容易造成国有企业与低效率或投机倾向严重的私有企业进行混合，而真正具有制度优势的私有企业被排除在外。同样，部分国有企业外表光鲜，但内在资源禀赋枯竭、历史包袱沉重，真实信息也容易被掩盖，私有企业也会面临混合的逆向选择问题。此外，国有企业在混合所有制发展中，政府出于政绩的要求，存在混合所有制发展的"拉郎配"问题，这样又很容易产生国有企业与私有企业发展混合所有制的被动逆向选择问题。无论主动逆向选择还是被动逆向选择，混合所有制契约缔结对象的逆向选择都会引起混合所有制事后发展的效率损失。

3.2.4 混合所有制契约缔结的目标冲突问题

中国国有企业的功能、边界和作用决定了国有企业既有经济目标也有社会目标，国有企业发展混合所有制的目的是通过混合所有制的制度优势提高国有企业的效率，促进国有企业做强、做优，所以，国有企业发展混合所有制的目标属性不会变化，仍然既有经济目标又有社会目标。然而，私有企业参与混合所有制发展仅具有经济目标，这就造成了国有企业与私有企业发展混合所有制的目标不一致，国有企业发展混合所有制的双重目标与私有企业的单一目标产生混合的目标冲突，混合目标的分歧在建立和发展混合所有制的过程中会产生大量的交易成本，不仅会影响国有企业、私有企业的混合所有制关系建立，还会影响混合所有制的发展效率，甚至可能扭曲混合所有制的发展目的，进而产生国有资产流失等问题。

3.3 中国国有企业发展混合所有制存在的契约履行问题

中国国有企业发展混合所有制不仅存在混合所有制的契约缔结问题,还存在混合所有制的契约履行问题。

3.3.1 混合所有制契约履行的资产专用性投入不足问题

混合所有制的发展需要国有企业与私有企业进行混合所有制资产投入,混合所有制资产投入的性质并不完全表现为通用性,而在更大程度上具有专用性资产的性质,既包括混合所有制物质资产专用性投入,又包括混合所有制非物质资产专用性投入。由于混合所有制物质资产专用性投入会产生沉淀成本,沉淀成本在一定程度上又会形成退出壁垒而产生套牢风险,所以,国有企业与私有企业都不希望自身投入更多的混合所有制资产专用性,而更倾向于搭对方的便车。搭便车的倾向不仅体现在混合所有制物质性资产专用性投入上,还体现在混合所有制非物质资产专用性的投入上。国有企业与私有企业混合主要是借助私有企业的制度优势以实现效率改进,制度优势则主要表现为私有企业的混合所有制非物质资产专用性投入。然而,当国有企业拥有资源优势、政策禀赋等"特权"时(诸如预算软约束、自然垄断、行政壁垒等),私有企业则积极致力于倡导公平竞争、痛恨差别待遇,指责国有垄断低效率,但事实上,私有企业并非真正痛恨"特权",其真正痛恨的是自己没有这种"特权",一旦混合后私有企业能够参与其中并分享到"特权",其天然的逐利本质必然会搭"特权"便车,获取超额利润,也就自然会减少其制度性的混合所有制非物质资产专用投入。鉴于套牢风险和搭便车的倾向,国有企业和私有企业不可避免地会陷入混合所有制资产专用性投入不足的困境中,降低了混合所有制的履约效率。

3.3.2 混合所有制契约履行的"敲竹杠"与控制权争夺问题

混合所有制的发展需要国有企业与私有企业进行混合所有制资产专用性投入，而混合所有制的资产专用性会产生可占用性准租，有限理性和机会主义倾向使国有企业与私有企业既可以利用契约不完全的漏洞和监督的困难，通过减少资产专用性投入来实施"敲竹杠"，也可以利用资产专用性的捆绑作用通过威胁等手段以增加收益来实施"敲竹杠"，总之，"敲竹杠"的目的都是为了获得更多资产专用性产生的可占用性准租。私有企业容易产生搭便车倾向下获取可占用性准租的"偷懒式""敲竹杠"问题，而国有企业容易产生利用资产比重较大的特点获取可占用性准租的"威胁式""敲竹杠"问题。国有企业与私有企业的"敲竹杠"倾向与防止被"敲竹杠"的直接体现就是混合所有制控制权的争夺，谁拥有控制权，谁就具有更多的主动性，私有企业害怕国有企业"一股独大"而遭到"威胁式""敲竹杠"，而国有企业害怕丧失控制权而遭受"偷懒式""敲竹杠"，所以，控制权争夺问题成为国有企业与私有企业混合的重要交集点，控制权争夺不仅会增加混合所有制谈判的难度和成本，尤其是混合的时间成本，同时也会增加混合所有制发展的事后治理风险。

3.3.3 混合所有制契约履行的制度路径依赖问题

中国国有企业发展混合所有制是公有制与私有制两种不同所有制形式的混合，国有企业和私有企业在历史发展中形成了特有的制度特性，并且两种所有制的制度特性又具有显著的差异，各自都有高效率的制度特性，也都有低效率的制度特性，但不论高效率还是低效率的制度特性都已惯性地形成了单一所有制固有的制度路径，这些都难以避免地会带入到混合所有制的发展中。虽然有些低效率的制度特性通过混合所有制的发展能够被消除，但是有些根本性的低效率制度特性短期内难以改变，比如国有企业的政企不分与官本位思想、激励约束机制不足与扭曲等；私有企业机会主义制度的天性导致的诚信度不高、过分追逐短期利益等。双重所有制低效率制度特性产生的路径依赖性势必会制约和影响混合所有制的发展效率,这样不仅会增加混合所有制的治理成本,还有可能导致混合所有制失灵。

3.4 小　结

回顾中国国有企业的混合所有制发展历程,中国国有企业发展混合所有制大致经历了萌芽(1980—1993年)、实践探索(1993—2013年)和深化发展(2013年至今)三个阶段,目前我国国有企业发展混合所有制已然进入关键的深化发展阶段,虽然中国国有企业的混合所有制发展已取得一定的进展和成绩,但仍然存在诸多问题制约和影响着混合所有制的深化发展。混合所有制是国有与私有两种所有制的混合,混合的本质是国有企业与私有企业的契约关系发展,但是,两种具有不同发展历程的所有制形式混合发展成新的契约关系,不可避免地会在契约关系缔结与履行中存在冲突,产生相关的契约问题,本章主要从混合所有制契约关系的缔结和履行两个方面提出了中国国有企业发展混合所有制存在的契约问题,比如混合顾虑问题、逆向选择问题、混合目标冲突问题、资产专用性投入不足与搭便车问题、"敲竹杠"与控制权争夺问题,以及单一所有制的低效率路径依赖问题等,这些问题贯穿于中国国有企业发展混合所有制的契约关系演进之中,既影响国有企业与私有企业的混合所有制契约缔结,又会对契约关系缔结后的混合所有制契约履行效率产生影响,所以,解释和解决这些问题对于促进中国国有企业混合所有制的深化发展就尤为必要。

第 4 章　中国国有企业发展混合所有制的契约缔结分析

本章首先在论述国有企业与私有企业比较优势的基础上得出混合所有制的帕累托改进，这是中国国有企业发展混合所有制的基本前提和混合所有制契约关系缔结的基础，同时也是破除混合顾虑与混合壁垒问题的重要理论支撑。其次，针对混合所有制契约缔结的逆向选择问题，本章通过混合信息搜寻博弈模型的构建，分析和论述中国国有企业发展混合所有制的混合信息搜寻策略与最佳混合对象搜寻次数的决定。最后，针对混合所有制契约缔结的混合目标冲突问题，本章分析了国有企业发展混合所有制的多重委托代理关系与多任务目标，并通过构建混合所有制双重任务双重委托代理模型，得出满足国有企业与私有企业混合所有制发展目标实现的条件下的混合所有制股权分配与激励契约设计。

国有企业与私有企业的混合所有制契约缔结动力和合作理性需要建立在混合所有制帕累托改进这一共同知识的基本前提下，但是，由于存在信息的不对称，即国有企业与私有企业只清楚自己的偏好、类型而不清楚对方的偏好、类型，国有企业发展混合所有制即使能够带来混合的帕累托改进，但也并不意味着可以顺利实现混合所有制的契约缔结。因此，国有企业与私有企业发展混合所有制的契约缔结动力和合作理性能否转化为混合所有制契约的真正缔结则主要取决于三方面内容。第一，国有企业发展混合所有制需要实现混合所有制契约双方的帕累托改进；第二是混合信息的搜寻，即在信息搜寻成本和收益的约束下，国有企业采取有效的搜寻策略，确保能够搜寻到优质的私有企业作为混合所有制的契约缔结对象；第三是混合所有制缔结契约的激励契约设计，即在委托代理约束下需要设计出一份激励契约，实现国有企业与私有企业的混合所有制发展目标的统一与融合，即形成契约双方都能够接受的缔结契约。

4.1 中国国有企业发展混合所有制的帕累托改进

混合所有制是国有产权与私有产权的混合，是国有企业与私有企业两种所有制的混合，中国国有企业发展混合所有制需要建立在通过混合能够更好地发挥国有和私有两种所有制的比较优势、混合后国有企业与私有企业能够获取自身缺乏但又能产生竞争优势的资源并且能够实现共同帕累托改进的基础上，如果偏离这个基础，两种所有制将缺乏混合动力，混合所有制也会失去发展的意义。

4.1.1 国有企业的比较优势

与私有企业相比较，国有企业的比较优势主要表现于国有企业在发展过程中长期专用性资产投入而积累的独特资源基础，主要包括历史遗产资源、物质资本资源、人力资本资源和政治资本资源。

(1) 历史遗产资源

新中国成立以后，在计划经济体制背景下，随着没收官僚资本主义企业、敌伪工业，改造民族资本主义工商业，短时期内，国有企业迅速形成并占据了关系国家经济命脉的重要领域。之后，国有企业经历了成长期（1953—1957年）、彷徨期（1958—1965年）、停滞期（1966—1978年）、放权让利（1979—1992年）、建立现代企业制度（1993年—2002年）、完善国有资产管理体制（2003年至今），国有企业的发展是一个历史的内生成长和演化的有机体，国有企业发展与改革的历程使国有企业资源基础不断开发、积累和优化，形成了独特的资源基础，而我国私有企业的发展较晚，与国有企业相比较缺少历史遗产资源基础。

(2) 物质资本资源

国有企业物质资本资源的基础主要包括资金、土地、技术和设备等。与私有企业相比较，资金方面，在国家信用担保的基础上，国有企业无论在财政拨款、银行贷款，还是在其他多元信用融资的形式下，都保持融资优势；土地方面，国有企业的历史遗产资源决定了国有企业具有先天的土地优势；技术方面，国有企业在长期发展的过程中积累了雄厚的技术基础，在高新技术研发、引入及转化等方面具有独特优势，尤其在创新驱动的作用下，国有企业在航空航天、军工、高铁、电子及新能源等领域表现了突出的技术竞争力；设备方面，国有企业在大型项目作业中，如核电、航空、船舶和能源开采等领域长期进行交易专用性投资，积累了独特的物质资本基础，这些设备基础具有稀缺性，有价值，短期内私有企业不易简单模仿。

(3) 人力资本资源

国有企业的稳定性、社会影响力在劳动力市场具有长期竞争优势，吸引了大批人才进入，构成了国有企业人力资本资源的基础。尤其在国有企业的改革进程中，国有企业加快了人才结构调整，注重人力资源培训，加强人力资源的扩充、积累和流动，在人力资源存量和流量方面都显著提升。同时，国有企业与政府、事业单位、科研院所及金融保险等机构具有较强的人力资源关联性，与私有企业相比较，这种关联性构成了国有企业人力资源基础的比较优势。

(4) 政治资本资源

国有企业的性质、功能和作用决定了国有企业具有天然的政治关联性，国有企业高度的政治关联性构成了其政治资本资源的基础。具有稀缺、难以模仿、稳固政治资源基础的国有企业与私有企业相比较，能够更容易获得信息资源租金、政策资源租金。

4.1.2 私有企业的比较优势

私有企业与国有企业相比较，私有企业的比较优势主要表现在私有企业的制度优势。市场经济的一个显著特点是私有制,在市场经济条件下,私有制更有利于资源的市场化配置,我国私有企业是在市场经济发展中建立起来的,私有企业具有的产权清晰、目标单一、风险控制权强、机制灵活,以及更具有企业家精神等特点,更加符合市场经济的所有制要求,更有利于降低交易成本,也更有利于资源的优化配置。

(1) 产权清晰

私有企业与国有企业相比较,具有产权清晰的比较优势。产权清晰是市场经济条件下市场主体行为自主性和有效性的基本条件和主要特征,私有企业在建立之初就具有明确的产权主体和产权关系,产权边界清晰,委托代理关系明确,促进了私有企业的运营效率。而国有企业的产权边界模糊,多重委托代理正是国有企业低效率的重要原因所在。国有企业归全体人民所有,政府代表人民行使财产的控制权和使用权,人民和政府之间是委托代理关系,政府通过选派、选拔相关管理人员代表政府管理国有企业,政府与国企高管之间又形成委托代理关系,由于中央政府很难监管众多的国有企业,中央委托省、市、县对国有企业进行监督与管理,最终形成了多重委托代理关系。国有企业在多重委托代理关系下,信息不对称和利益冲突不断加强,真正的国有产权所有者又存在虚置,由于代理人过分强调自身利益最大化,从而极易出现道德风险、逆向选择等机会主义行为。相比之下,私有企业在产权清晰方面具有明显的比较优势。

(2) 私有企业发展目标单一

私有企业以追求利润最大化作为企业的唯一目标,目标单一并且明确,而国有企业除经济目标外还有社会目标,多重目标使国有企业在市场经济运行中受到限制,不能"放开手脚",同时社会目标也加重了国有企业的负担。此外,由于国有企业存在多重委托代理关系,国有企业领导者缺少经理人市场,多以任命、委派等方式选拔,这就促使国有企业领导者的个人目标与企业目标存在极大的背离风险。

(3) 私有企业具有风险控制权偏好

私有企业产权清晰、目标单一,决定了其具有较强的风险控制权偏好。私有企业对于每一次决策、投资可能产生的损失需要由自己承担,这也就使私有企业时刻面临着市场的优胜劣汰，因此具有较强的风险控制权偏好。而对于国有企业来说，由于存在财政补贴及国家担保，国有企业即使出现投资失败或亏损，国有企业的市场退出压力也几乎很小，同时，国有企业发展的亏损与盈利也都有"国家"兜底且为国家所有的思想使国有企业领导者的风险控制意识相对淡薄，国有企业的风险控制偏好明显低于私有企业。

（4）私有企业机制灵活

私有企业以追求利润最大化为单一目标，在利润的驱使下，私有企业具有较强的市场敏感性，对于市场的机遇和风险能够快速反应、决策、实施、调整，而在私有企业内部，员工与企业效益捆绑在一起，灵活多样的激励机制提高了企业员工的工作效率，促进了私有企业机制的灵活性。相对于私有企业，国有企业的科层结构臃肿、决策审批烦琐、行政化色彩过于强烈，与私有企业相比，运行机制难免僵化、低效率。

（5）私有企业更具有企业家精神

私有企业自由创业、自主经营、自负盈亏的特点决定了私有企业的企业家更具有企业家精神，企业家精神是私有企业发展的内在动力。国有企业的领导者相对私有企业的企业家而言，行政级别决定了国有企业领导者的政府官员特征更为明显，政府官员追求的稳定、安全、"不求有功但求无过"等理念与敢于冒险、勇于创新、富有开拓的企业家精神明显冲突，国有企业领导者企业家精神表现不足，私有企业具有企业家精神的比较优势。

4.1.3 混合所有制的帕累托改进

国有企业发展混合所有制可以在合作博弈的条件下充分发挥国有企业和私有企业两种所有制的比较优势，降低比较成本，实现混合的共同帕累托改进。具体表现在两个方面，如图4-1所示。

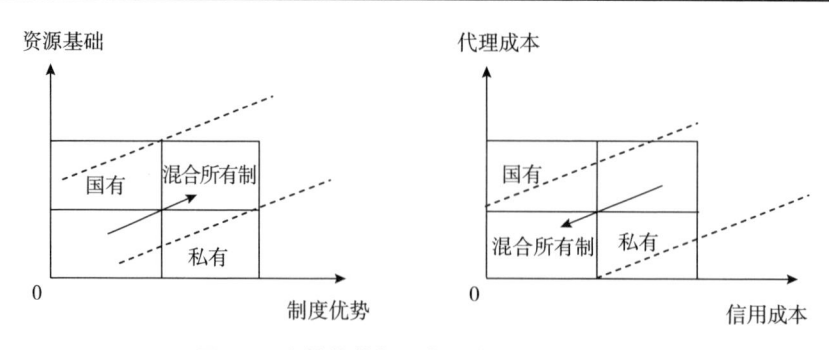

图 4-1　比较优势与混合所有制帕累托改进

一方面，混合所有制可以增加共同知识。国有企业具有较高的资源基础而制度优势不足，私有企业具有较高的制度优势而资源基础较低，而混合所有制的发展可以使国有企业的历史遗产资源、物质资本资源、人力资本资源及政治资本资源等资源基础与私有企业产权清晰、目标单一、风险控制权强、机制灵活和更具有企业家精神的制度优势相结合，形成混合所有制发展的资源与制度合力，实现国有企业与私有企业收益的帕累托改进，同时，混合所有制还可以降低交易成本。国有企业具有较高的代理成本和较低的信用成本，私有企业具有较高的信用成本和较低的代理成本，而混合所有制发展中可以形成较低代理成本和较低信用成本的合力，促进国有企业代理成本和私有企业信用成本的最小化，实现国有企业与私有企业成本的帕累托改进。可见，从收益和成本两个方面，国有企业发展混合所有制都有利于发挥国有企业与私有企业的比较优势，实现混合所有制帕累托改进。

4.2　中国国有企业发展混合所有制的混合信息搜寻分析

在混合所有制帕累托改进的共同知识和驱动下，国有企业与私有企业具有混合所有制契约缔结的发展动力和合作理性，但是由于存在混合信息的不对称，事前的隐藏信息使国有企业在混合所有制契约缔结对象的选择中极易出现逆向选择问题，即低效率私有企业驱逐高效率私有企业，出现国有企业与低效率私有企业的契约缔结，进而产生混合所有制契约缔结的效率损失。

因此，有效解决国有企业在混合所有制契约对象选择中产生的逆向选择问题，需要国有企业获得更多的混合信息，降低混合信息的不对称性，而国有企业的信息搜寻成本、混合收益、搜寻策略和信息搜寻次数对契约对象的选择具有重要的影响。

4.2.1 混合所有制信息搜寻博弈模型

（1）模型的假设条件

假设竞争性领域的国有企业分为销售收入高的国有企业和销售收入低的国有企业两类，分别由 S_H 和 S_L 表示；假设私有企业分为效率高的私有企业和效率低的私有企业两类，分别由 P_H 和 P_L 表示。

假设在同等条件下，销售收入高的国有企业的信息搜寻的机会成本高于销售收入低的国有企业，前者信息搜寻的机会成本为 C_{S_H}，后者信息搜寻的机会成本为 C_{S_L}，且满足 $C_{S_H} > C_{S_L}$；同样，假设同等条件下，高效率私有企业的信息搜寻的机会成本高于低效率的私有企业，二者信息搜寻的机会成本分别为 C_{P_H} 和 C_{P_L}，且满足 $C_{P_H} > C_{P_L}$。

假设搜寻到销售收入高或高效率的预期收益为 R_H，搜寻到销售收入低或低效率的预期收益为 R_L，且满足 $R_H > R_L$；$R_H \geq C_{S_H} > C_{S_L}$；$R_L \geq C_{S_H} > C_{S_L}$；$R_H \geq C_{P_H} > C_{P_L}$；$R_L \geq C_{P_H} > C_{P_L}$。

（2）模型的建立

国有企业与私有企业在混合所有制契约缔结对象的信息搜寻中可以采取搜寻、不搜寻两种策略，不同的信息搜寻策略对应不同的支付。

第一类情况，假设销售收入高的国有企业采取搜寻策略。那么，高效率私有企业有搜寻和不搜寻两种策略，如果高效率私有企业搜寻，销售收入高的国有企业的支付为 $R_H - C_{S_H}$，高效率私有企业的支付为 $R_H - C_{P_H}$；如果高效率私有企业不搜寻，销售收入高的国有企业的支付为 $R_H - C_{S_H}$，高效率私有企业的支付为 R_H。同样，低效率私有企业也有搜寻和不搜寻两种策略，如果低效率私有企业搜寻，销售收入高的国有企业的支付为 $R_L - C_{S_H}$，低效率私有企业的支付为 $R_H - C_{P_L}$；如果低效率私有企业不搜寻，销售收入高的国

有企业的支付为 $R_L-C_{S_H}$，低效率私有企业的支付为 R_H。

第二类情况，假设销售收入高的国有企业采取不搜寻策略。那么，高效率私有企业仍有搜寻和不搜寻两种策略，如果高效率私有企业搜寻，销售收入高的国有企业的支付为 R_H，高效率私有企业的支付为 $R_H-C_{P_H}$；如果高效率私有企业不搜寻，销售收入高的国有企业的支付为 0，高效率私有企业的支付也为 0。同样，低效率私有企业也有搜寻和不搜寻两种策略，如果低效率私有企业搜寻，销售收入高的国有企业的支付为 R_L，低效率私有企业的支付为 $R_L-C_{P_L}$；如果低效率私有企业不搜寻，销售收入高的国有企业的支付为 0，高效率私有企业的支付也为 0。

第三类情况。假设销售收入低的国有企业采取搜寻策略。那么，高效率私有企业有搜寻和不搜寻两种策略，如果高效率私有企业搜寻，销售收入低的国有企业的支付为 R_H-C_H，高效率私有企业的支付为 $R_H-C_{P_H}$；如果高效率私有企业不搜寻，销售收入低的国有企业的支付为 R_H-C_H，高效率私有企业的支付为 R_H。同样，低效率私有企业也有搜寻和不搜寻两种策略，如果低效率私有企业搜寻，销售收入低的国有企业的支付为 $R_L-C_{S_L}$，低效率私有企业的支付为 $R_L-C_{P_L}$；如果低效率私有企业不搜寻，销售收入低的国有企业的支付为 $R_L-C_{S_L}$，低效率私有企业的支付为 R_L。

第四类情况。假设销售收入低的国有企业采取不搜寻策略。那么，高效率私有企业有搜寻和不搜寻两种策略，如果高效率私有企业搜寻，销售收入低的国有企业的支付为 R_H，高效率私有企业的支付为 $R_H-C_{P_H}$；如果高效率私有企业不搜寻，销售收入低的国有企业的支付为 0，高效率私有企业的支付也为 0。同样，低效率私有企业也有搜寻和不搜寻两种策略，如果低效率私有企业搜寻，销售收入低的国有企业的支付为 R_L，低效率私有企业的支付为 $R_L-C_{P_L}$；如果低效率私有企业不搜寻，销售收入低的国有企业的支付为 0，低效率私有企业支付也为 0。

根据以上四类情况，可得到混合所有制信息搜寻博弈模型，如图 4-2 所示。

		私有企业			
		P_H		P_L	
		搜寻	不搜寻	搜寻	不搜寻
国有企业 S_H	搜寻	$R_H-C_{S_H}$, $R_H-C_{P_H}$	R_H, $C_{S_H}-R_H$	$R_L-C_{S_H}$, $R_H-C_{P_L}$	R_L, $C_{S_H}-R_H$
	不搜寻	R_H, $R_H-C_{P_H}$	0, 0	R_L, $R_H-C_{P_L}$	0, 0
S_L	搜寻	$R_H-C_{S_L}$, $R_L-C_{P_H}$	R_H, $C_{S_L}-R_L$	$R_L-C_{S_L}$, $R_L-C_{P_L}$	R_L, $C_{S_L}-R_L$
	不搜寻	R_H, $R_L-C_{P_H}$	0, 0	R_L, $R_L-C_{P_L}$	0, 0

图 4-2 混合所有制信息搜寻博弈矩阵

（3）模型的博弈分析与结论

分析1：如果高效率私有企业与低效率私有企业同时采取搜寻策略，销售收入高的国有企业和销售收入低的国有企业各有搜寻和不搜寻两种策略，各自有四组策略组合，经收益比较，如果 $R_H-C_{P_H}>R_L-C_{P_L}$，（S_H 不搜寻，P_H 搜寻；S_L 不搜寻，P_L 搜寻）两种策略组合收益最大，是高效率私有企业与低效率私有企业同时采取搜寻策略时混合所有制信息搜寻的是稳定均衡策略组合；如果 $R_H-C_{P_H}<R_L-C_{P_L}$，（S_H 不搜寻，P_L 搜寻；S_L 不搜寻，P_L 搜寻）两种策略组合收益最大，是高效率私有企业与低效率私有企业同时采取搜寻策略时混合所有制信息搜寻的稳定均衡策略组合。

分析2：如果高效率私有企业和低效率私有企业同时采取不搜寻策略，由于 $R_H-C_{S_L}>0$，$R_L-C_{S_L}>0$，$R_H-C_{S_H}>0$，$R_L-C_{S_H}$，那么，销售收入高的国有企业和销售收入低的国有企业的占优策略都是搜寻，又由于 $R_H-C_{S_H}+R_H>R_L-C_{S_H}+R_H$，$R_H-C_{S_L}+R_L>R_L-C_{S_L}$，所以（$S_H$ 搜寻，P_H 不搜寻；S_L 搜寻，P_H 不搜寻）两组策略组合是高效率私有企业和低效率私有企业同时采取不搜寻策略时混合所有制信息搜寻的纳什均衡。

分析3：如果高效率私有企业采取搜寻策略，低效率私有企业采取不搜寻策略，销售收入高的国有企业和销售收入低的国有企业各自有四组策略组合，如果 $R_H-C_{S_H}>R_L-C_{S_H}$，$R_H-C_{S_H}>R_L-C_{S_L}$，经比较（S_H 不搜寻，P_H 搜寻；S_L 不搜寻，P_H 搜寻）两组策略组合收益最大，是高效率私有企业采取搜寻策略，低效率私有企业采取不搜寻策略时混合所有制信息搜寻的稳定均衡策略组合；如果 $R_H-C_{S_H}<R_L-C_{S_H}$，$R_H-C_{S_H}<R_L-C_{S_L}$，经比较（S_H 搜寻，P_L 不搜寻；S_L 搜寻，P_L 不搜寻）两组策略组合收益最大，是高效率私有企业采取搜寻策略，低效率私有企业采取不搜寻策略时混合所有制信息搜寻的稳定均衡策略组合。

分析4：如果高效率私有企业采取不搜寻策略，低效率私有企业采取搜寻策略，销售收入高的国有企业和销售收入低的国有企业各自有四组策略组合，如果 $R_H-C_{S_H}>R_L-C_{P_L}$，$R_H-C_{S_L}>R_L-C_{P_L}$，经比较（S_H 搜寻，P_H 不搜寻；S_L 搜寻，P_H 不搜寻）两组策略组合收益最大，是高效率私有企业采取搜寻策略，低效率私有企业采取不搜寻策略时混合所有制信息搜寻的稳定均衡策略组合；如果 $R_H-C_{S_H}<R_L-C_{P_L}$，$R_H-C_{S_L}<R_L-C_{P_L}$，经比较（S_H 不搜寻，P_L 搜寻；S_L 不搜寻，P_L 搜寻）两组策略组合收益最大，是高效率私有企业采取搜寻策略，低效率私有企业采取不搜寻策略时混合所有制信息搜寻的稳定均衡策略组合。

分析5：如果国有企业采取搜寻策略，则（S_H 搜寻，P_H 不搜寻；S_L 搜寻，P_H 不搜寻）两组策略组合收益最大，是国有企业采取搜寻策略的稳定均衡策略组合；如果国有企业采取不搜寻策略，且 $R_H-C_{P_H}>R_L-C_{P_L}$，（S_H 不搜寻，P_H 搜寻；S_L 不搜寻，P_H 搜寻）两组策略组合收益最大，是国有企业采取不搜寻策略的稳定均衡策略组合；如果国有企业采取不搜寻策略，且 $R_H-C_{P_H}<R_L-C_{P_L}$，（S_H 不搜寻，P_L 搜寻；S_L 不搜寻，P_L 搜寻）两组策略组合收益最大，是国有企业采取不搜寻策略的稳定均衡策略组合。

分析6：比较国有企业搜寻策略与不搜寻策略，如果 $R_H-C_{P_H}>R_L-C_{P_L}$，$C_{S_H}<C_{P_H}$，$C_{S_L}<C_{P_H}$ 时，（S_H 搜寻，P_H 不搜寻；S_L 搜寻，P_H 不搜寻）两组策略的收益最大，搜寻策略是国有企业的占优策略；如果 $R_H-C_{P_H}>R_L-C_{P_L}$，$C_{S_H}>C_{P_H}$，$C_{S_L}>C_{P_H}$ 时，（S_H 不搜寻，P_H 搜寻；S_L 不搜寻，P_H 搜寻）两组策略的收益最大，不搜寻策略是国有企业的占优策略；如果 $R_H-C_{P_H}<R_L-C_{P_L}$，则（S_H 不搜寻，P_L 搜寻；S_L 不搜寻，P_L 搜寻）两组策略的收益最大。

结论1：在满足 $R_H-C_{P_H}>R_L-C_{P_L}$，$R_H-C_{S_H}>R_L-C_{P_L}$，$R_H-C_{P_H}>R_L-C_{S_L}$，$R_H-C_{P_H}>R_L-C_{S_H}$，$R_H-C_{S_L}>R_L-C_{P_L}$ 条件下，国有企业与高效

率私有企业混合收益最大，并能够实现稳定均衡策略组合，但对于国有企业采取搜寻策略还是不搜寻策略时收益的大小问题，则需要考虑 C_{S_L}、C_{S_H} 与 C_{P_H} 的关系，如果 $C_{S_H} < C_{P_H}$，$C_{S_L} < C_{P_H}$，则国有企业主动搜寻收益最大；如果 $C_{S_H} > C_{P_H}$，$C_{S_L} > C_{P_H}$，则国有企业不搜寻收益最大。

结论 2：如果 $R_H - C_{P_H} > R_L - C_{P_L}$，$R_H - C_{S_H} > R_L - C_{P_L}$，$R_H - C_{P_H} > R_L - C_{S_L}$，$R_H - C_{P_H} > R_L - C_{S_H}$，$R_H - C_{S_L} > R_L - C_{P_L}$ 中有一个条件没有满足，则会出现国有企业与低效率私有企业混合的稳定均衡策略组合。

（4）模型的混合策略纳什均衡求解分析与结论

在满足 $R_H - C_{P_H} > R_L - C_{P_L}$，$R_H - C_{S_H} > R_L - C_{P_L}$，$R_H - C_{P_H} > R_L - C_{S_L}$，$R_H - C_{P_H} > R_L - C_{S_H}$，$R_H - C_{S_L} > R_L - C_{P_L}$ 条件下，通过混合策略纳什均衡求解分析模型，假设销售收入高的国有企业其混合策略为以概率 P_1 搜寻，以概率 $(1-P_1)$ 不搜寻，且 P_1 取值为 1 或 0。销售收入低的国有企业其混合策略为以概率 P_2 搜寻，以概率 $(1-P_2)$ 不搜寻，且 P_2 取值为 1 或 0。高效率私有企业其混合策略为以概率 P_3 搜寻，以概率 $(1-P_3)$ 不搜寻，且 P_3 取值为 1 或 0。低效率私有企业其混合策略为以概率 P_4 搜寻，以概率 $(1-P_4)$ 不搜寻，且 P_4 取值为 1 或 0。

令销售收入高的国有企业 S_H 的预期支付为 U_{S_H}，销售收入低的国有企业 S_L 的预期支付为 U_{S_L}，高效率私有企业 P_H 的预期支付为 U_{P_H}，低效率私有企业 P_L 的预期支付为 U_{P_L}，则有：

$$U_{S_H} = P_1 \times P_3 \times (R_H - C_{S_H}) + P_1 \times (1-P_3) \times (R_H - C_{S_H}) + P_1 \times P_4 \times (R_L - C_{S_H}) +$$
$$P_1 \times (1-P_4) \times (R_L - C_{S_H}) + (1-P_1) \times P_3 \times R_H + (1-P_1) \times (1-P_3) \times 0 +$$
$$(1-P_1) \times P_4 \times R_L + (1-P_1) \times (1-P_4) \times 0$$
$$= P_1 \times [(R_H - C_{S_H}) + (R_L - C_{S_H}) - P_3 \times R_H - P_4 \times R_L] + P_3 \times R_H + P_4 \times R_L$$

$$U_{S_L} = P_2 \times P_3 \times (R_H - C_{S_L}) + P_2 \times (1-P_3) \times (R_H - C_{S_L}) + P_2 \times P_4 \times (R_L - C_{S_L}) +$$
$$P_2 \times (1-P_4) \times (R_L - C_{S_L}) + (1-P_2) \times P_3 \times R_H + (1-P_2) \times (1-P_3) \times 0 +$$
$$(1-P_2) \times P_4 \times R_L + (1-P_2) \times (1-P_4) \times 0$$
$$= P_2 \times [(R_H - C_{S_L}) + (R_L - C_{S_L}) - P_3 \times R_H - P_4 \times R_L] + P_3 \times R_H + P_4 \times R_L$$

$$U_{P_H} = P_3 \times P_1 \times (R_H - C_{P_H}) + P_3 \times (1-P_1) \times (R_H - C_{P_H}) + P_3 \times P_2 \times (R_L - C_{P_H}) +$$

$$P_3 \times (1-P_2) \times (R_L - C_{P_H}) + (1-P_3) \times P_1 \times R_H + (1-P_3) \times (1-P_1) \times 0 +$$
$$(1-P_3) \times P_2 \times R_L + (1-P_3) \times (1-P_2) \times 0$$
$$= P_3 \times [(R_H - C_{P_H}) + (R_L - C_{P_H}) - P_1 \times R_H - P_2 \times R_L] + P_1 \times R_H + P_2 \times R_L$$
$$U_{P_L} = P_4 \times P_1 \times (R_H - C_{P_L}) + P_4 \times (1-P_1) \times (R_H - C_{P_L}) + P_4 \times P_2 \times (R_L - C_{P_L}) +$$
$$P_4 \times (1-P_2) \times (R_L - C_{P_L}) + (1-P_4) \times P_1 \times R_H + (1-P_4) \times (1-P_1) \times 0 +$$
$$(1-P_4) \times P_2 \times R_L + (1-P_4) \times (1-P_2) \times 0$$
$$= P_4 \times [(R_H - C_{P_L}) + (R_L - C_{P_L}) - P_1 \times R_H - P_2 \times R_L] + P_1 \times R_H + P_2 \times R_L$$

分析 7：U_{S_H} 最大解分析。由于 P_3 取值为 1 或 0，P_4 取值为 1 或 0，所以 P_3，P_4 不同取值决定了 $U_{S_H Max}$ 和 P_1。

第一种情况：$P_3 = 0$，$P_4 = 0$，则 $U_{S_H} = P_1 \times (R_H + R_L - 2C_{S_H})$，若 $R_H + R_L - 2C_{S_H} > 0$，则 $U_{S_H Max}$ 解的 $P_1 = 1$；若 $R_H + R_L - 2C_{S_H} < 0$，则 $U_{S_H Max}$ 解的 $P_1 = 0$；显然，如果 $P_3 = 0$，$P_4 = 0$，$P_1 = 0$ 不能实现国有企业发展混合所有制，所以 $P_3 = 0$，$P_4 = 0$ 条件下，$U_{S_H Max}$ 解实现条件为 $R_H + R_L - 2C_{S_H} > 0$，即 $C_{S_H} < \dfrac{R_H + R_L}{2}$。

第二种情况：$P_3 = 1$，$P_4 = 1$，则 $U_{S_H} = P_1 \times (-2C_{S_H}) + R_H + R_L$，由于 $-2C_{S_H} < 0$，所以 $U_{S_H Max}$ 解的 $P_1 = 0$。

第三种情况：$P_3 = 1$，$P_4 = 0$，则 $U_{S_H} = P_1 \times (R_L - 2C_{S_H}) + R_H$，若 $R_L - 2C_{S_H} > 0$，则 $U_{S_H Max}$ 解的 $P_1 = 1$；若 $R_L - 2C_{S_H} < 0$，则 $U_{S_H Max}$ 解的 $P_1 = 0$；比较 $P_1 = 0$，$P_1 = 1$ 两种策略下混合收益的大小，结合假设条件计算可得，$P_1 = 0$ 时的混合收益更大，所以 $P_3 = 1$，$P_4 = 0$ 条件下，$U_{S_H Max}$ 解的实现条件为 $R_L - 2C_{S_H} < 0$，即 $C_{S_H} > \dfrac{R_L}{2}$。

第四种情况：$P_3 = 0$，$P_4 = 1$，则 $U_{S_H} = P_1 \times (R_H - 2C_{S_H}) + R_L$，若 $R_H - 2C_{S_H} > 0$，则 $U_{S_H Max}$ 解的 $P_1 = 1$；若 $R_H - 2C_{S_H} < 0$，则 $U_{S_H Max}$ 解的 $P_1 = 0$；比较 $P_1 = 0$，$P_1 = 1$ 两种策略下混合收益的大小，结合假设条件计算可得，$P_1 = 1$ 时混合收益更大，所以 $P_3 = 0$，$P_4 = 1$ 条件下，$U_{S_H Max}$ 解的实现条件为 $R_H - 2C_{S_H} > 0$，即 $C_{S_H} < \dfrac{R_H}{2}$。

分析 8：U_{S_L} 最大解分析。由于 P_3 取值为 1 或 0，P_4 取值为 1 或 0，所以

P_3，P_4 不同取值决定了 $U_{S_L \text{Max}}$ 和 P_2。

第一种情况：$P_3=0$，$P_4=0$，则 $U_{S_L}=P_2 \times (R_H+R_L-2C_{S_L})$，若 $R_H+R_L-2C_{S_H}>0$，则 $U_{S_L \text{Max}}$ 解的 $P_2=1$；若 $R_H+R_L-2C_{S_L}<0$，则 $U_{S_L \text{Max}}$ 解的 $P_2=0$；显然，如果 $P_3=0$，$P_4=0$，$P_2=0$ 不能实现国有企业发展混合所有制，所以 $P_3=0$，$P_4=0$ 条件下，$U_{S_L \text{Max}}$ 解的实现条件为 $R_H+R_L-2C_{S_L}>0$，即 $C_{S_L} < \dfrac{R_H+R_L}{2}$。

第二种情况：$P_3=1$，$P_4=1$，则 $U_{S_L}=P_2 \times (-2C_{S_L}) + R_H + R_L$，由于 $-2C_{S_L}<0$，所以 $U_{S_L \text{Max}}$ 解的 $P_2=0$。

第三种情况：$P_3=1$，$P_4=0$，则 $U_{S_L}=P_2 \times (R_L-2C_{S_L}) + R_H$，若 $R_L-2C_{S_L}>0$，则 $U_{S_L \text{Max}}$ 解的 $P_2=1$；若 $R_L-2C_{S_L}<0$，则 $U_{S_L \text{Max}}$ 解的 $P_2=0$；比较 $P_2=0$、$P_2=1$ 两种策略下混合收益的大小，结合假设条件计算可得，$P_2=0$ 时的混合收益更大，所以 $P_3=1$、$P_4=0$ 条件下，$U_{S_L \text{Max}}$ 解的实现条件为 $R_L-2C_{S_L}<0$，即 $C_{S_L} > \dfrac{R_L}{2}$。

第四种情况：$P_3=0$，$P_4=1$，则 $U_{S_L}=P_1 \times (R_H-2C_{S_L}) + R_L$，若 $R_H-2C_{S_L}>0$，则 $U_{S_L \text{Max}}$ 解的 $P_2=1$；若 $R_H-2C_{S_L}<0$，则 $U_{S_L \text{Max}}$ 解的 $P_2=0$；比较 $P_1=0$、$P_1=1$ 两种策略下混合收益的大小，结合假设条件计算可得，$P_1=1$ 时混合收益更大，所以 $P_3=0$，$P_4=1$ 条件下，$U_{S_L \text{Max}}$ 解的实现条件为 $R_H-2C_{S_L}>0$，即 $C_{S_L} < \dfrac{R_H}{2}$。

结论 3：根据分析 7 可得，在混合收益最大的条件下，$U_{SH\text{Max}}$ 解总能实现的条件为 $\dfrac{R_L}{2}<C_{S_H}<\dfrac{R_H}{2}<\dfrac{R_H+R_L}{2}$，即 $\dfrac{R_L}{2}<C_{S_H}<\dfrac{R_H}{2}$。

结论 4：根据分析 8 可得，在混合收益最大的条件下，$U_{S_L \text{Max}}$ 解总能实现的条件为 $\dfrac{R_L}{2}<C_{S_L}<\dfrac{R_H}{2}<\dfrac{R_H+R_L}{2}$，即 $\dfrac{R_L}{2}<C_{S_L}<\dfrac{R_H}{2}$。

4.2.2 中国国有企业混合信息搜寻成本与搜寻策略选择

通过以上模型的分析与结论可以看出，国有企业是否采取搜寻策略与私有企业的搜寻策略以及国有企业搜寻前自身所处的战略地位紧密相关，与国有企业自身的搜寻成本、预期混合收益密与搜寻策略也密不可分。

由于信息的不对称，国有企业在发展混合所有制的信息搜寻中很容易出现逆向选择问题，即国有企业与低效率私有企业相混合，从混合收益的角度，在某种条件下，这种混合可能是收益最大的，但是从效率的角度，尤其是国有企业发展混合所有制的目的来看，由于低效率私有企业自身的制度优势不明显，国有企业与低效率私有企业混合不能解决国有企业的发展与改革问题。从模型的约束条件看，只有在满足 $R_H - C_{P_H} > R_L - C_{P_L}$，$R_H - C_{S_H} > R_L - C_{P_L}$，$R_H - C_{P_H} > R_L - C_{S_L}$，$R_H - C_{P_H} > R_L - C_{S_H}$，$C_H - C_{S_L} > R_L - C_{P_L}$ 的条件下，才能避免逆向选择的发生，这也是国有企业发展混合所有制的必要条件。如果定义销售收入高的国有企业与高效率私有企业的混合以及销售收入低的国有企业与高效率私有企业的混合是强混合，收入高的国有企业与低效率私有企业的混合以及销售收入低的国有企业与低效率私有企业的混合是弱混合，那么，这一必要条件的解释意义是强混合的支付必须大于弱混合的支付。

在强混合的支付大于弱混合的支付这一国有企业发展混合所有制的必要条件下，国有企业的信息搜寻策略有两种，一种是主动搜寻，一种是等待被搜寻（不搜寻），而决定国有企业信息搜寻策略选择的约束条件是国有企业与高效率私有企业的信息搜寻成本比较，如果国有企业信息搜寻的成本高于高效率私有企业的信息搜寻成本，国有企业最优策略选择为不搜寻；如果国有企业信息搜寻成本低于高效率私有企业的信息搜寻成本，国有企业最优选择为搜寻策略；如果不考虑国有企业与私有企业搜寻成本的大小关系，或者二者搜寻成本大小关系的确定需要付出很大的成本，同时为积极发展混合所有制，以防止效率高的私有企业采取不搜寻策略，而国有企业则需要付出更高的等待被搜寻的机会成本，国有企业可直接采取搜寻策略，虽然搜寻策略对于国有企业来说要付出一个搜寻成本，但此策略仍然不失为次优选择（second best）。

在强混合的支付大于弱混合的支付这一国有企业发展混合所有制的必要条件下，考虑到混合收益的最大化，国有企业自身的混合支付最优解主要受到国有企业搜寻成本的影响，通过结论3、结论4可知，国有企业如果能够明确私有企业的搜寻策略，无论高效率与低效率私有企业的搜寻策略如何组合，都能确保国有企业实现混合支付最大化的搜寻成本保险控制区间为 $\left[\dfrac{R_L}{2}, \dfrac{R_H}{2}\right]$。

4.2.3 中国国有企业混合对象搜寻的最佳次数决定

国有企业能否实现混合所有制初始契约的缔结，其最基本因素在于国有企业能否搜寻到最适合国有企业混合的缔结对象，强混合支付大于弱混合支付这一国有企业发展混合所有制的必要条件可以解决信息不对称下的逆向选择问题，但这只是必要条件，并不充分，因为高效率私有企业并不一定都是适合国有企业混合的混合对象，国有企业只有通过增加搜寻次数以获得更多的混合信息，"货比三家"，才能选择出最合适的混合对象。

国有企业一次混合信息搜寻并不一定能保证找到合适的混合对象，但是无限制增加搜寻次数也会得不偿失，原因在于随着搜寻次数的增加，每次搜寻的边际效用会递减，所以，国有企业对混合对象最佳搜寻次数的决定就在于国有企业搜寻的边际成本等于预期边际收益的搜寻次数。假设 N 表示国有企业的搜寻次数，C、R 分别表示搜寻成本和收益，CC 表示搜寻成本曲线，RR 表示搜寻收益曲线，E 表示最佳搜寻次数的临界点，n 表示最佳搜寻次数，如图 4-3 所示，当 $N \leqslant n$ 时，$R \leqslant C$，搜寻是经济的；相反，当 $N \geqslant n$ 时，$R \leqslant C$，搜寻是不经济，所以，E 是最佳搜寻次数的临界点，n 是最佳搜寻次数。

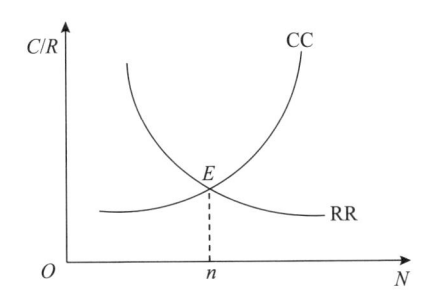

图 4-3　国有企业对混合对象最佳搜寻次数的决定

假设国有企业每次为搜寻付出的时间、经济等要素构成的边际成本 $M_{C_1} = a$，因每次为继续搜寻到更好的混合对象而放弃混合机会产生的边际成本 M_{C_2}，M_{C_2} 与搜寻次数成正比，即 $M_{C_2} = bN$，假设搜寻的边际收益为 M_R，由于边际收益递减的影响，M_R 与搜寻次数成正比，即 $M_R = \dfrac{d}{N}$。所以，最佳搜寻次数是边际收益等于边际成本的搜寻次数，即 $M_{C_1} + M_{C_2} = M_R$，$a + bN = \dfrac{d}{N}$，计算可得最佳搜寻次数 $N_{最优} = n = \dfrac{\sqrt{a^2 + 4bd} - a}{2b}$，可见，国有企业搜寻混合对象的最佳搜寻次数主要受边际成本与边际收益的影响，具体来说主要受到 a、b、d 的影响。

不同国有企业进行混合对象搜寻会产生不同的边际成本，尤其是为继续搜寻到更好的混合对象而放弃混合机会产生的边际成本，销售收入高的国有企业由于具有相对较高的收入，其发展混合所有制的时间的机会成本较低，而销售收入低的国有企业由于更迫于通过混合所有制来改善经营，其发展混合所有制的时间的机会成本较高，所以，销售收入高的国有企业可以通过适当增加搜寻次数以便搜寻到更适合的混合对象，而销售收入低的国有企业在混合对象搜寻中需要持谨慎搜寻态度。

4.3 中国国有企业发展混合所有制的激励契约设计分析

国有企业能否实现混合所有制初始契约的缔结主要受两个因素影响，一个因素是国有企业能否搜寻到合适的私有企业作为发展混合所有制的契约缔结对象，这是国有企业实现混合所有制初始契约缔结的基本因素；另一个因素是国有企业能否设计出一份激励契约，既能满足私有企业的参与约束，又能实现私有企业与国有企业的激励相容，而这也正是国有企业实现混合所有制初始契约缔结的关键因素。激励契约之所以是构成混合所有制契约缔结关键因素的原因就在于国有企业虽然可以搜寻到合适的私有企业作为混合对象，但是国有企业不可能使用"强制契约"来迫使私有企业与其缔结契约并选择国有企业希望的行动，所以，国有企业只能通过设计一份激励契约以诱使私有企业与其缔结，并选择国有企业希望的行动。可见，激励契约设计的实质是在满足私有企业参与约束和激励相容约束条件下的最大化国有企业期望效用问题。

4.3.1 混合所有制的多重委托代理关系与多任务目标

混合所有制激励契约设计是在委托代理约束下进行的，如果没有委托代理问题也就不存在激励问题。中国国有企业的特殊委托代理关系决定了混合所有制具有多重委托与多任务代理关系。

国有资产归全体人民所有，人民政府代表人民行使财产的控制权和使用权，人民和政府之间形成委托代理关系；国资委等国有资产监管部门（简称国监部门）代表政府对国有资产进行监管，政府与国监部门之间形成委托代理关系；国有企业代表国监部门对国有资产进行经营管理，国监部门对国有企业进行监管并通过选派、选拔相关管理人员代表国监部门管理国有企业，国监部门与国有企业又形成委托代理关系。至此，在多重委托代理关系下，信息不对称和利益冲突不断加强，而真正的国有产权所有者虚置，代理人又过分强调自身利益的最大化，从而出现道德风险、逆向选择等机会主义行为，国有企业表现出低效率。国有企业发展混合所有制的目的之一就是混合私有企业后，通过私有企业清晰的产权介入，降低国有企业由于多重委托代理关系产生的效率损失问题，主要是解决国有资产的非人格化问题。

4.3.2 混合所有制的双重任务双重委托代理模型

为集中分析混合所有制激励契约的设计问题，将混合所有制的多重委托代理关系简化为双重委托代理关系，即一个是政府与国有企业的委托代理关系，一个是国有企业与私有企业混合后的委托代理关系。由于国有企业具有经济和社会的双重目标任务，其经济目标任务主要是国有资产的保值增值，即国有企业利润最大化，社会目标任务主要是社会福利最大化，包括增加就业、社会保障和稳定、产业结构调整和布局，以及调解贫富差距等。而私有企业仅具有企业利润最大化这一单一任务目标，这就决定了混合所有制形成了政府与国有企业之间以实现社会福利最大化和国有企业与私有企业之间以实现利润最大化的双重委托代理关系。可见，混合所有制仍然具有双重任务目标，一个是混合所有制利润最大化，另一个是社会福利最大化，这也说明国有企业发展混合所有制并没有改变国有企业原有的功能，只是从效率的角度通过混合所有制提升国有企业效率，同时也是通过资源的优化配置促进私有企业的发展，混合所有制兼顾了完全国有和完全私有两种所有制的目标任务。所以，混合所有制在经济目标任务和社会目标任务的双重目标任务和双重委托代理关系的条件下，国有企业发展混合所有制的激励契约设计一方面需要激励社会福利最大化产出，另一方面需要激励国有资产的保值增值。

基于混合所有制的多重委托代理关系和任务目标，在霍姆斯特姆和米尔格罗姆（Holmstrom和Milgrom，1991）[①]的多任务委托代理模型的基础上，构建混合所有制的双重任务双重委托代理模型，分析国有企业发展混合所有制的激励契约设计问题如下。

假设政府和国有企业的风险偏好均为中性，私有企业为风险规避且效用函数$u(.)$具有不变的绝对风险规避特征，$u(w)=-e^{-\rho w}$，其中，ρ是绝对风险规避度量；w为实际货币收入；私有企业的保留收入水平为$\overline{w}$。私有企业作为经营者主要从事两类活动，一类是实现混合所有制利润最大化目标的经济活动；另一类是实现社会福利最大化目标的社会活动。社会活动会增加社会福利，但也势必增加企业成本，降低混合所有制的利润水平。

假设$a=(a_1,a_2)$为私有企业的努力水平向量，a_1和a_2分别表示私有企业为实现经济目标和社会目标付出的努力水平，两种努力水平是隐藏信息，不可直接观察，但可通过混合所有制的利润水平R和社会产品数量Q得到反映[②]。假设可观测的两种努力的反映的货币化产出为$R=a_1+\varepsilon_1$，$Q=a_2+\varepsilon_2$，即R反映a_1的高低，Q反映a_2的高低；ε_1和ε_2是外生随机变量，并假定$\varepsilon_i\sim N(0,\sigma_i^2)$，$i=1,2$，$\varepsilon_1$、$\varepsilon_2$的方差-协方差矩阵为$\Sigma$。假设私有企业的成本函数为$C(a_1,a_2)$，是严格递增的凸函数，并且假设$a_1$和$a_2$具有相互独立的边际成本，即$c'_{a_1}>0$，$c''_{a_1a_1}>0$；$c'_{a_2}>0$，$c''_{a_2a_2}>0$；$c''_{a_1a_2}=c''_{a_2a_1}=0$。

[①] Holmstrom B, Milgrom P. Multitask Principal-Agent Analyses: Incentive Contracts, Asset Ownership and Job Design [J]. Journal of Law Economics & Organization, 1991, 7: 24-52.

[②] 混合所有制具有双重目标任务，不同目标任务提供不同的产出，经济目标任务的产出对应混合所有制的利润；社会目标任务的产出对应一系列社会产品，包括增加就业、社会保障和稳定、产业结构调整和布局、调解贫富差距及宏观经济调控等。

第4章 中国国有企业发展混合所有制的契约缔结分析

假设私有企业的线性契约为 $s(R,Q) = \alpha + \beta_1 R + \beta_2(Q-Q_0)$,$s(R,Q)$ 表示私有企业的报酬,α 为私有企业混合资产的固定收入（与 R 无关），β_1 为私有企业分享的盈利分成比例,β_2 为政府对社会产品的激励约束系数,Q_0 为政府为混合所有制设定的最低社会产品数量标准,Q 为混合所有制实际提供的社会产品数量。根据以上假定可得私有企业的实际收入为 $w = s(R,Q) - C(a_1, a_2)$，期望效用函数为

$$E[u(w)] = \iint -e^{[-\rho(\alpha+\beta_1 R+\beta_2(Q-Q_0)-C(a_1,a_2))]} f(R)g(Q-Q_0)\mathrm{d}R\mathrm{d}Q$$

$$= -e^{\{-\rho[\alpha+\beta_1 a_1+\beta_2(a_2-Q_0)-\rho\beta^T\Sigma\beta/2-C(a_1,a_2)]\}}$$

其中,$\beta^T\Sigma\beta$ 为私有企业收益的方差;$f(R), g(Q-Q_0)$ 分别是 R 和 Q 的密度函数。所以,可得私有企业的确定性等价 (certainty equivalence) 收入为

$$CE = \alpha + \beta_1 a_1 + \beta_2(a_2-Q_0) - \rho\beta^T\Sigma\beta/2 - C(a_1,a_2)$$

私有企业的确定性等价收入最大化的条件为

$$\frac{\partial CE}{\partial a_1} = 0 = \beta_1 - \frac{\partial C(a_1,a_2)}{\partial a_1} \Rightarrow \beta_1 = C'_{a_1}$$

$$\frac{\partial CE}{\partial a_2} = 0 = \beta_2 - \frac{\partial C(a_1,a_2)}{\partial a_2} \Rightarrow \beta_2 = C'_{a_1}$$

综上所述,(1) 国有企业的最优化问题转化为

$$\max_{\alpha,\beta_1}\{R(a_1) - \alpha - \beta_1 R(a_1)\} = \max_{\alpha,\beta_1}\{a_1 - \alpha - \beta_1 a_1\}$$

s.t. (IR)$\alpha + \beta_1 a_1 + \beta_2(a_2 - Q_0) - \rho\beta^T\Sigma\beta/2 - C(a_1,a_2) \geqslant \bar{w}$

(IC)$a_1 \in \arg\beta_1 = C'_{a_1}$

其中,(IR) 为私有企业参与混合所有制的参与约束；(IC) 私有企业的激励相容约束；β_2 外生给定。则满足国有企业最优化问题的求解一阶条件为 $\beta_1^* = \dfrac{1-\rho\beta_2\sigma_{12}C''_{a_1a_1}}{1+\rho\sigma_1^2 C''_{a_1a_1}}$。

(2) 政府的最优化问题转化为

$$\max_{\beta_2}\{L(a_2) - \beta_2(L-L_0)\} = \max_{\beta_2}\{a_2 - \beta_2(a_2 - L_0)\}$$

s.t. (IR)$\alpha + \beta_1 a_1 + \beta_2(a_2 - Q_0) - \rho\beta^T\Sigma\beta/2 - C(a_1,a_2) \geqslant \bar{w}$

(IC)$a_2 \in \arg\beta_2 = C'_{a_2}$

其中,(IR) 为私有企业参与混合所有制的参与约束；(IC) 私有企业的激励

相容约束。则满足政府最优化问题的求解一阶条件为 $\beta_2^* = \dfrac{1-\rho\beta_1\sigma_{12}C''_{a_2a_2}}{1+\rho\sigma_2^2 C''_{a_2a_2}}$。

根据模型的假设条件可知，β_1 为私有企业分享的盈利分成比例，β_2 为政府对社会产品的激励约束系数，当 $\beta_1 = \beta_1^*$，$\beta_2 = \beta_2^*$ 时，满足混合所有制的双重目标任务，这说明，如果要同时实现混合所有制的双重目标任务，则需要混合所有制契约具有双重激励性；如果 $\beta_1 > \beta_1^*$，则可计算得 $\beta_2 < \beta_2^*$，在这种情况下，私有企业的线性契约强化了经济目标任务的激励，社会产品将表现不足；如果 $\beta_1 < \beta_1^*$，则可计算得 $\beta_1 > \beta_2^*$，在这种情况下，私有企业的线性契约强化了社会目标任务激励，经济利润被弱化；特殊情况，如果 $\beta_2 = \beta_2^* = 0$，则 $\beta_1^* = \dfrac{1}{1+\rho\sigma_1^2 C''_{a_1a_1}}$，此时是仅追求经济利润的单一目标任务的最优解，而社会产品没有产出；如果 $\beta_1 = \beta_1^* = 0$，则 $\beta_2^* = \dfrac{1}{1+\rho\sigma_2^2 C''_{a_2a_2}}$，此时是仅追求社会目标任务的最优解，但这种情况下不能满足国有企业发展混合所有制的目的，也不能构成私有企业参与混合的激励条件，所以，$\beta_1 > 0$ 是混合所有制激励契约设计的必要条件。

4.3.3 混合所有制的股权分配与激励契约设计

通过以上构建混合所有制的双重任务双重委托代理模型分析可得，满足混合所有制经济目标任务和社会目标任务同时实现的激励契约设计条件为：私有企业的线性契约需满足 $s(R,Q) = \alpha + \beta_1^* R + \beta_2^* (Q - Q_0)$，其中，$\beta_1^* = \dfrac{1-\rho\beta_2\sigma_{12}C''_{a_1a_1}}{1+\rho\sigma_1^2 C''_{a_1a_1}}$；$\beta_2^* = \dfrac{1-\rho\beta_1\sigma_{12}C''_{a_2a_2}}{1+\rho\sigma_2^2 C''_{a_2a_2}}$。私有企业参与混合所有制不仅是具有制度优势的专用性制度投入，还有专用性物质资产投入，这也就决定了私有企业还具有委托人身份，假设私有企业的专用性物质资产投入占混合所有制总资产的比例为 τ，则混合所有制中私有企业持股比例为 τ，国有企业持股比例为 $1-\tau$。

（1）最优股权分配与激励契约

按照混合所有制经济目标任务和社会目标任务同时实现的激励契约设计

条件，如果令 $\tau=\beta_1\beta_1^*$，即私有企业的盈利分层比例等于其在混合所有制中的持股比例，则混合所有制激励契约实现的最优股权分配为私有企业持股 $\tau^*(\tau^*,\beta_1^*)$，国有企业持股为 $1-\tau^*(1-\tau^*=1-\beta_1^*)$，私有企业的最优线性激励契约为 $s(R,Q)=\alpha+\tau^* R+\beta_2^*(Q-Q_0)$，$\alpha$ 为私有企业固定收入[①]，此时可以实现混合所有制的最优股权分配和最优激励契约。

(2) 股权分配调整与激励补偿

β_1^* 为私有企业的最优盈利分层比例，其与私有企业的混合所有制专用性物质资产投入具有一定的相关性，但是并不代表 β_1^* 总是与 τ^* 相等。

如果 $\tau>\beta_1^*$，即混合所有制的私有企业持股比例大于其盈利分成比例，如果按照 τ 给予私有企业盈利分成，则混合所有制的社会目标被弱化、经济目标被强激励。所以，鉴于私有企业的持股比例、混合所有制双重目标任务的实现及长期激励，可以考虑给予私有企业一个固定收入 α 的补偿激励，即 $\alpha^*=(1+\tau-\beta_1^*)\alpha$，此时私有企业的线性激励契约为 $s(R,Q)=(1+\tau-\beta_1^*)\alpha+\beta_1^* R+\beta_2^*(Q-Q_0)$。

如果 $\tau<\beta_1^*$，即混合所有制的私有企业持股比例小于其盈利分成比例，如果按照 τ 给予私有企业盈利分成，则混合所有制经济目标被弱化，社会目标被强激励，这并不能满足国有企业发展混合所有制的目的，所以，此时应给与私有企业一个激励补偿，即按照 β_1^* 给予私有企业盈利分成，私有企业的线性激励契约为 $s(R,Q)=\alpha+\beta_1^* R+\beta_2^*(Q-Q_0)$。

4.4 小 结

国有企业发展混合所有制需要建立在混合所有制契约双方的帕累托改进的条件下，如果帕累托不能改进或者仅是单一所有制通过混合能够产生帕累

[①] α 与私有企业的混合所有制专用性物质资产投入相关，定义为私有企业投入的混合所有制专用性物资资产货币化的利息。私有企业投入的混合所有制专用性物质资产对于国有企业来说具有资产抵押的功能，是一种可信性承诺，一方面可以排除劣质私有企业的混入，另一方面专用性资产的投入有利于增强对私有企业的激励约束，α 则是作为私有企业专用性资产投入的价格补偿。

托改进，那么，混合所有制契约缔结也很难实现。但是，混合所有制帕累托改进也仅仅是混合所有制契约缔结的必要条件而非充分条件，信息不对称下的逆向选择问题和混合目标冲突问题是国有企业发展混合所有制在契约缔结方面存在的显著问题。因此，加强与研究国有企业发展混合所有制的信息搜寻和激励契约设计就尤为重要。通过本章分析，可以得出以下一般性结论。

（1）国有企业发展混合所有制避免产生契约缔结的逆向选择问题的必要条件是强混合的支付必须大于弱混合的支付。在这一必要条件下，最优混合信息搜寻策略是私有企业采取搜寻策略，国有企业采取不搜寻策略，而次优策略是国有企业采取搜寻策略。

（2）国有企业采取搜寻策略时，国有企业自身的混合支付最优解主要受到国有企业搜寻成本的影响，国有企业如果能够明确私有企业的搜寻策略，无论私有企业搜寻策略如何组合，确保国有企业实现混合支付最大化的搜寻成本保险控制区间为 $\left[\dfrac{R_\mathrm{L}}{2}, \dfrac{R_\mathrm{H}}{2}\right]$。

（3）国有企业在采取搜寻策略时，搜寻次数影响最优混合对象的搜寻。销售收入高的国有企业可以通过适当增加搜寻次数以搜寻到更适合的混合对象，而销售收入低的国有企业在混合对象搜寻中需要持谨慎搜寻态度。

（4）为减少国有企业与私有企业的混合所有制发展目标冲突问题，混合所有制激励契约的设计要对经济目标任务和社会目标任务分别给予激励，经济目标任务可以由混合所有制内部的盈利分层给予激励，社会目标需要由政府给予外部激励约束。

（5）私有企业的最优线性激励契约为 $s(R,Q)=\alpha+\tau^* R+\beta_2^*(Q-Q_0)$，如果私有企业在混合所有制的持股比例高于或低于最优持股比例，应采取激励补偿策略。如果私有企业持股比例高于最优持股比例，则需要在私有企业混合所有制专用性物质资产的价格补偿的基础上再给予一个持股比例与盈利分层比例差的激励补偿。如果持股比例低于最优持股比例，则可以按照最优契约设计的盈利分层比例给予激励，多出持股比例的部分可作为混合所有制效率贡献的激励补偿。

第 5 章　中国国有企业发展混合所有制的契约再谈判分析

在混合所有制帕累托改进的共同知识作用下,如果国有企业与私有企业能够具有混合所有制契约履行的完全理性,按照混合所有制最优激励契约设计,国有企业的资源优势与私有企业的制度优势可以实现互补,混合所有制的双重目标可以得到实现。然而,混合所有制契约缔结后,契约双方受到认知偏差、不确定性增强及边际机会主义递增等影响,会采取各种策略行为来谋取自己的利益,国有企业与私有企业表现为有限理性,混合所有制激励契约表现出不完全性;资产专用性准租占用、"敲竹杠"、混合所有制剩余索取权和控制权配置等突出问题使缔约后的契约双方不可避免地出现拒绝合作、失调等危及缔约关系可持续、适应性地发展下去的情况,混合所有制的激励契约不再具有适用性。为保持混合所有制的混合效率,国有企业发展混合所有制进入基于治理结构调整和混合所有制剩余权利配置的混合所有制的再谈判阶段。

本章首先分析了中国国有企业发展混合所有制的初始激励契约的不完全性以及产生的混合所有制资产专用性准租占用、"敲竹杠"、资产专用投入不足等问题。其次,由于混合所有制初始激励契约的不完全性,中国国有企业发展混合所有制进入基于治理结构调整与混合所有制剩余权利配置的契约再谈判阶段,通过构建混合所有制资产专用性投入与治理结构模型、混合所有制剩余权利配置模型,分析得出混合所有制契约再谈判的治理结构调整与混合所有制剩余权利配置的合理范围。

5.1 混合所有制激励契约不完全性与"敲竹杠"

交易成本（transaction cost）最早由科斯提出，简单概括就是交易过程中产生的各项成本。威廉姆森（1985）[①] 从资源转移的视角将交易成本划分为事前与事后两个类别，事前交易成本主要包括合同签约成本、谈判成本及契约保障成本；事后交易成本包括不适应成本、讨价还价的成本、建立及运作成本，以及为解决双方纠纷与争执而必须设置的相关成本及约束成本。国有企业发展混合所有制的事前交易成本主要是初始契约缔结的信息搜寻成本，由于契约双方具有契约缔结的动力和合作理性，虽然存在事前交易成本，但仍然可以完成混合所有制短期激励契约的缔结。然而，混合所有制激励契约缔结后，由于认知上的偏差和混合所有制混合过程中存在的众多不确定性，混合所有制契约双方事前的合作理性转化为有限理性，混合所有制激励契约也随之表现为不完全性。混合所有制激励契约缔结后，国有企业、私有企业的混合所有制专用性投资一旦做出，混合所有制资产专用性投入越多，被锁定的程度也就越高。面对未来的不确定性，由于混合所有制契约双方的有限理性以及混合所有制契约缔结后存在的大量事后交易成本，同时，混合所有制资产专用性投资产生的可占用性准租又增加了缔约后的机会主义行为，国有企业与私有企业将不可避免地面临着被"敲竹杠"的风险，进而导致契约双方的混合所有制资产专用性投入不足。

5.1.1 有限理性与混合所有制事后交易成本

国有企业发展混合所有制不是简单的国有企业与私有企业的契约混合，也不是简单地按照激励契约设计的执行过程，而是涉及契约双方人力、物力、财力等物质资产专用性的投入与整合以及企业文化、企业制度等非物质资产

---

① O Williamson. The Economic Institute of Capitalism [M]. New York: Free Press, 1985: 42.

专用性的投入与整合。在混合所有制资产专用性投入与整合的过程中，由于认知上的偏差和混合所有制混合过程中存在的众多不确定性，国有企业与私有企业在混合所有制契约缔结时的合作理性转化为有限理性，而有限理性与机会主义行为又导致了混合所有制事后发生大量的交易成本。国有企业发展混合所有制的事后交易成本主要表现为以下几个方。

（1）混合所有制契约缔结后的资源整合成本

国有企业与私有企业完成混合所有制激励契约缔结后，双方进行混合所有制资产专用性投入，混合所有制资产专用性既包括物质资产专用性投入，又包括非物质资产专用性投入。由于国有企业与私有企业在资源基础、企业负担、企业制度、发展战略、管理方式及企业文化等方面存在显著差异，为了使混合所有制能够产生合力和竞争力，混合所有制资产专用性投入和整合的过程中，会产生大量的资源整合成本。

（2）混合所有制契约缔结后的沟通协调成本

国有企业与私有企业具有不同的成长背景。国有企业的领导者长期在国有体制内管理企业，一般具有一定的行政级别，自身具有较强的优越性和官僚作风，管理决策受上级主管部门约束，决策和行动具有"瞻前顾后"的特点；而私有企业在市场经济的发展中成长起来，私有企业家的家长作风较强，企业内部具有绝对权威，管理决策不受上级行政管理约束，具有较强的灵活性和随意性。此外，国有企业机构臃肿，内部执行力和运作效率也低于私有企业。所以，国有企业与私有企业的领导者或管理层所具有的不同管理特点决定了混合所有制契约缔结后在混合所有制资源整合、运营以及管理决策等有效融合方面存在较高的沟通协调成本。

（3）混合所有制契约缔结后的监督成本

国有企业与私有企业在混合所有制资产专用性投入时，都面临着资产专用性价值损失和承担沉淀成本的风险。为降低风险损失，避免被对方"敲竹杠"的风险，国有企业与私有企业会构建混合所有制资产投入与管理的监督体系，监督对方的行为、规范运行以维护自身的利益，为此会产生相应的监督成本。

5.1.2 混合所有制资产专用性准租占用与"敲竹杠"

国有企业发展混合所有制的目的是通过混合所有制发挥出国有企业、私有企业的比较优势，实现共同发展。国有企业与私有企业的比较优势分别是国有企业的资源基础优势和私有企业的制度优势，所以，混合所有制激励契约缔结后，按照激励契约的内在要求，国有企业与私有企业进行的混合所有制的资产专用性投入主要集中在各自的优势领域，即国有企业混合所有制资产专用性投入主要是以资源基础为主要内容的物质性资产专用性，私有企业混合所有制资产专用性投入一部分是物质资产专用性，但更主要的是制度资产专用性。混合所有制资产专用性一旦投入就会产生可占用性准租，由于混合所有制激励契约的不完全性和机会主义倾向，国有企业与私有企业都将面临"敲竹杠"的问题。

"敲竹杠"行为是指一方利用交易伙伴已经做出了专用性投资并且治理交易关系的契约是不完全的这一事实，来侵占来自关系专用性投资的准租金（Klein，2000）[1]。一般来说，契约双方可以利用契约不完全的漏洞和监督的困难，通过减少资产专用性投入来实施"敲竹杠"，也可以利用资产专用性的捆绑作用通过威胁等手段，以增加契约收益来实施"敲竹杠"，依据"敲竹杠"的行为特点，"敲竹杠"可以分为偷懒式"敲竹杠"和威胁式"敲竹杠"。

（1）国有企业发展混合所有制的偷懒式"敲竹杠"问题

国有企业与私有企业混合所有制资产专用投入的特点是国有企业主要是物质性资产投入，私有企业更多的是制度性专用资产投入，国有企业在混合所有制契约关系中是委托人身份，私有企业则以代理人身份参与经营，这也就决定了私有企业的制度性资产专用性投入更难监督，相对私有企业，国有企业的混合所有制物质性资产投入较大，同时，国有企业还具有一定的特权资源与行政垄断的特点，这样很容易引发私有企业的搭便车倾向，所以，偷懒式"敲竹杠"问题主要集中于私有企业。

---

[1] Klein, Benjamin. Fisher-General Motors and the nature of the Firm [J]. Journal of the Law and Economics, 2000, 43 (1): 105-141.

假设国有企业与私有企业混合所有制激励契约缔结后，国有企业需要为发展混合所有制提供的专用性资产为 ω，ω 对于国有企业与私有企业双方是可观察的，但是第三方不能完全证实，混合所有制的激励契约中也不能明确写入；假设 ω 可以为混合所有制创造的价值是 $V(\omega)$，国有企业为此付出的成本是 $C(\omega)$；假设私有企业不投入混合所有制专用性资产，其成本是 C_P，不"敲竹杠"的契约收益是 R_P；如果国有企业不进行混合所有制资产专用性投资，那么混合所有制失败，双方的外部选择权为 0。令 $V(\omega)>R_P>C_P>0$，即发展混合所有制有利可图，假设国有企业与私有企业按照纳什谈判解来分配混合所有制的剩余，并且国有企业与私有企业风险中性、信息对称，根据以上条件构建国有企业-私有企业"敲竹杠"博弈矩阵如图 5-1 所示：

		国有企业	
		资产专用性投入	资产专用性不投入
私有企业	敲竹杠	$\frac{V(w)-C_P}{2}, \frac{V(w)-C_P}{2}-C(w)$	0, 0
	不敲竹杠	$R_P, V(w)-R_P-C(w)$	0, 0

图 5-1　国有企业-私有企业"敲竹杠"博弈矩阵

在国有企业-私有企业"敲竹杠"博弈中，私有企业如果选择不"敲竹杠"，可按照初始契约得到 R_P，国有企业可以得到 $V(\omega)-R_P-C(\omega)$；私有企业如果选择"敲竹杠"，按照纳什谈判解可得到 $\frac{V(\omega)-C_P}{2}$，国有企业可以得到 $\frac{V(\omega)-C_P}{2}-C(\omega)$。如果 $\frac{V(\omega)-C_P}{2}>\max\{R_P,C(\omega)\}$，则存在唯一纳什均衡（"敲竹杠"，资产专用性投入）。在完全信息静态博弈中，如果 $\frac{V(\omega)-C_P}{2}>\max\{R_P,C(\omega)\}$，只要国有企业进行混合所有制资产专用性投入，私有企业就会减少自身的混合所有制资产专用性投入而选择"敲竹杠"行为。由于国有企业具有资源基础的比较优势以及独特的企业经营环境，只要可占用准租很高或高于私有企业的激励契约收益，私有企业就会具有发生偷懒式"敲竹杠"的机会主义倾向。

(2) 国有企业发展混合所有制的威胁式"敲竹杠"问题

由于国有企业具有资源基础的比较优势,一般来说,国有企业的资产规模又比较大,混合所有制持股比例较高,同时又具有混合所有制委托人身份,契约双方混合所有制资产专用性投入后,国有企业可以利用私有企业被混合所有制资产专用性投入锁定的状态和"捆绑"效应,通过其在混合所有制中较高的持股比例,以终止契约或更换代理人等方式相威胁,而直接要求增加契约收益,产生国有企业的威胁式"敲竹杠"问题,威胁式"敲竹杠"行为增加了讨价还价、协调沟通等交易成本,降低了合作的信任基础,造成混合所有制无谓的帕累托损失。

5.2 混合所有制契约再谈判的治理结构分析

完全契约没有必要考虑组织或治理结构,所有事情都可以事前形成协议,此时所有权不起作用,只有当契约不完全时,产权才显得十分重要(汤吉军,2014)[①]。有限理性、可占用准租引发"敲竹杠"的机会主义行为,以及混合所有制缔结后的大量交易成本共同决定了混合所有制激励契约缔结的不完全性及产生的混合所有制资产专用性投入不足问题,而基于混合所有制治理结构调整的混合所有制契约再谈判可以减少"敲竹杠"问题的发生。

5.2.1 混合所有制资产专用性投入与治理结构模型

混合所有制激励契约缔结后,假设国有企业与私有企业共同生产一种新产品,国有企业投入的专用性资产为 ω,总成本是 $C(\omega)$,由于产品具有专用性,总成本 $C(\omega)$ 中有 K 单位为沉淀成本,$K \leqslant C(\omega)$,这部分成本专为混合所有制中的私有企业需求而投资,私有企业的沉淀投资为 0,则国有企业的可回收成本为 $C(\omega) - K$;假设新产品的价值为 $V(\omega)$,且 $V(\omega) > C(\omega) > 0$,那么,

---

[①] 汤吉军. 不完全契约视角下国有企业发展混合所有制分析[J]. 中国工业经济,2014 (12):31-43.

国有企业与私有企业共同创造的准租金为 $V(\omega)-[C(\omega)-K]=V(\omega)-C(\omega)+K$，混合所有制的总剩余为 $V(\omega)-C(\omega)$。

假设国有企业与私有企业按照混合所有制激励契约的约定平均分配混合所有制生产剩余，可得，私有企业的生产者剩余为

$$V(\omega)-\left(C(\omega)+\frac{V(\omega)-C(\omega)}{2}\right)=\frac{V(\omega)-C(\omega)}{2}$$

国有企业的生产者剩余为

$$C(\omega)+\frac{V(\omega)-C(\omega)}{2}-C(\omega)=\frac{V(\omega)-C(\omega)}{2}$$

此时出现纳什均衡。但是，由于混合所有制激励契约缔结的不完全性将引发"敲竹杠"行为，国有企业的报酬变为国有企业的可回收成本加上一半的准租金减去总成本，即 $C(\omega)-K+\frac{V(\omega)-C(\omega)+K}{2}-C(\omega)=\frac{V(\omega)-C(\omega)}{2}-\frac{K}{2}$，而私有企业的报酬变为价格减去成本，即

$$V(\omega)-\left[C(\omega)-K+\frac{V(\omega)-C(\omega)+K}{2}\right]=\frac{V(\omega)-C(\omega)}{2}+\frac{K}{2}$$

以上分析可见，"敲竹杠"与否混合所有制剩余并没有减少，即

$$\frac{V(\omega)-C(\omega)}{2}+\frac{V(\omega)-C(\omega)}{2}=\frac{V(\omega)-C(\omega)}{2}-\frac{K}{2}+\frac{V(\omega)-C(\omega)}{2}+\frac{K}{2}$$

而"敲竹杠"却造成了准租金分配的不同。对于私有企业而言，由于 $\frac{V(\omega)-C(\omega)}{2}+\frac{K}{2}$ 大于或等于 $\frac{V(\omega)-C(\omega)}{2}$，所以，私有企业的子博弈精炼均衡选择是不履约而选择"敲竹杠"。如果国有企业进行资产专用性投入，国有企业获得 $\frac{V(\omega)-C(\omega)}{2}-\frac{K}{2}$ 的经济剩余，而私有企业会获得 $\frac{V(\omega)-C(\omega)}{2}+\frac{K}{2}$ 的经济剩余。

根据以上是否存在"敲竹杠"行为的混合所有制剩余分配的对比可以发现，虽然混合所有制剩余总量没有变化，但是不同的剩余分配却产生了不同的治理结构，如图 5-2 所示。

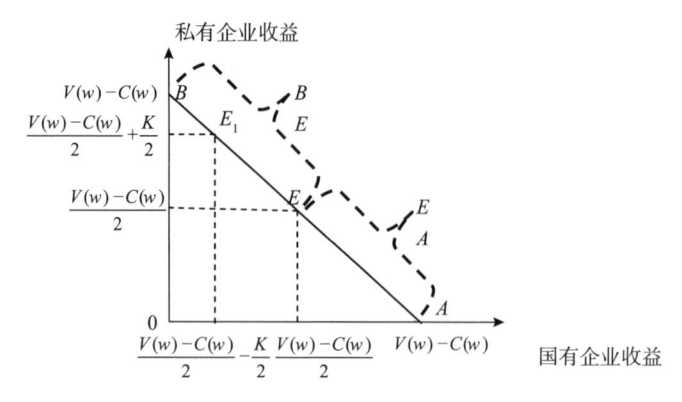

图 5-2 资产专用性投入、混合所有制剩余分配与治理结构

在混合所有制初始激励契约的安排下,如果没有发生"敲竹杠"行为,混合所有制资产专用性投入后,国有企业与私有企业会按照初始激励契约共同约定,在 E 点进行混合所有制剩余分配,E 点是混合所有制初始激励契约安排下的混合所有制剩余分配的均衡点,也是最优点,此时不需要治理,按照契约约定就可以实现混合所有制的帕累托改进且双方各自可获得合理的收益。然而,由于混合所有制初始激励契约的不完全性,"敲竹杠"的机会主义行为使混合所有制的剩余分配偏离了最优分配点 E,"敲竹杠"使一方的混合所有制剩余分配增加,另一方的混合所有制剩余分配减少,如以上分析,民营企业选择"敲竹杠",其混合所有制剩余分配为 $\frac{V(\omega)-C(\omega)}{2}+\frac{K}{2}$,而国有企业的混合所有制剩余分配为 $\frac{V(\omega)-C(\omega)}{2}-\frac{K}{2}$,均衡点由 E 点移动到 E_1 点,B 点是"敲竹杠"的极端点,私有企业在 B 点将全部占有混合所有制剩余,当然,国有企业预期到 B 点情况后,将考虑是否选择混合所有制资产专用性投入。在 BE 范围内,由于私有企业选择"敲竹杠",国有企业考虑到预期的混合所有制剩余分配,国有企业的混合所有制资产专用性投入动力将不足,是否投入、投入多少则主要取决于 E_1 点的位置,那么,为保证混合所有制的有效性,此时的混合所有制治理结构应是以私有企业为主的治理结构。同样情况,国有企业也存在"敲竹杠"的机会主义倾向,在 EA 范围内,私有企业的收益将低于混合所有制初始激励契约的安排,私有企业也可能发生混合所有制资产专用性投入不足,那么,此时的混合所有制治理结构应是以国有企业为主的治理结构。总之，混合所有制初始激励契约的不完全会导致"敲竹杠"行为的机会主义倾向增强，国有企业、私有企业的混合所有制剩余分配必然偏离最优点 E，所以，混合所有制契约再谈判的混合所有制治理结构调整尤为必要。

5.2.2 混合所有制治契约再谈判的治理结构调整

由混合所有制剩余分配模型的讨论可知，资产专用性投入与混合所有制治理结构密切相关，尤其是混合所有制资产专用性投入中，沉淀成本的大小决定了混合所有制剩余的分配问题，而混合所有制剩余分配问题是混合所有制治理结构的基础。如果混合所有制资产专用性投入中不产生沉淀成本，也就是通用性资产投入，即 $K=0$，即使存在"敲竹杠"行为，混合所有制剩余分配还会按照混合所有制初始激励契约的安排进行分配，E 点的最优均衡点可以实现。如果 $K \neq 0$，沉淀成本大小将影响资产专用性投入及混合所有制治理结构，如图 5-3 所示。

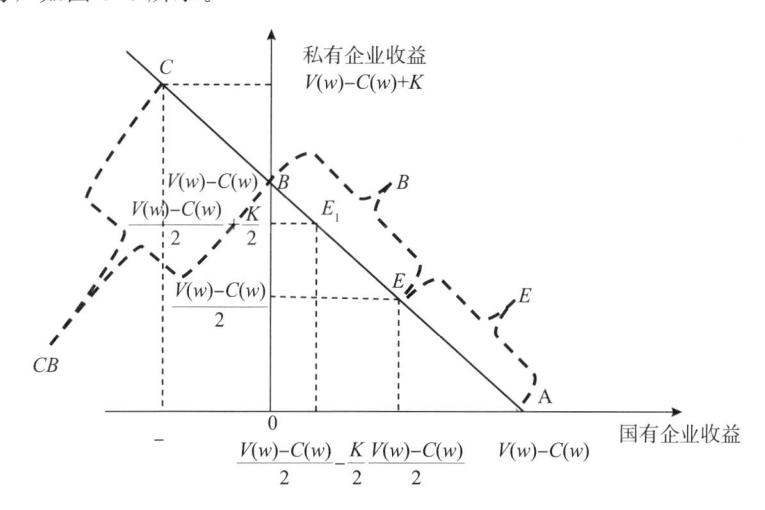

图 5-3　资产专用性投入的沉淀成本与治理结构

（1）如果 $0 < k \leqslant V(\omega) - C(\omega)$，混合所有制剩余的均衡分配点 E_1 将在 BE 范围内，沉淀成本越小，E_1 越接近 E，国有企业混合所有制资产专用性投入动机越强；如果沉淀成本越大，E_1 越接近 B，国有企业混合资产专用性投

入动机越弱，但是总体来看，国有企业资产专用性投入是有效率的，只是混合所有制剩余分配偏向私有企业，因此，沉淀成本在此范围内 BE 段治理结构是有效率的，治理结构主要是减少私有企业的"敲竹杠"行为，使混合所有制剩余分配更加公平。同样道理，私有企业也面临着国有企业"敲竹杠"问题，EA 段也是有效的治理结构。

(2) 如果 $V(\omega) - C(\omega) < K \leqslant C(\omega)$，混合所有制剩余的均衡分配点 E_1 将在 CB 范围内；极端情况下，如果 $K = C(\omega)$，混合所有制剩余的均衡分配点为 C 点，私有企业获得了全部的准租金。沉淀成本在此范围内，国有企业预期到"敲竹杠"这一行为，如果进行投入，则会造成国有资产流失，所以，国有企业不会进行混合所有制的资产专用性投入，混合所有制契约关系破裂。

通过以上分析可得，国有企业混合所有制资产专用性有效投入的沉淀成本区间为 $0 < K \leqslant V(\omega) - C(\omega)$，虽然 BE 段和 EA 段是有效率的混合所有制治理结构，但需要突出混合所有制治理的针对性，而最优的治理结构是 E 点，治理结构的目标也就是尽可能接近 E 点。

混合所有制初始激励契约缔结后，如果混合所有制资产专用性投入没有沉淀成本，混合所有制的帕累托改进可以使国有企业与私有企业按照混合所有制的初始激励契约安排来分配混合所有制剩余，即使出现"敲竹杠"行为，契约双方也可以无顾虑地退出混合所有制；如果混合所有制契约双方投入的混合所有制资产专用性或多或少同样重要，混合所有制初始激励契约安排仍然是有效的契约选择；如果契约一方的混合所有制资产专用性投入具有沉淀成本，没有沉淀成本的一方会利用混合所有制初始契约的不完全性而进行"敲竹杠"行为，损害资产专用性投入一方的利益，则混合所有制的产权配置不能给没有沉淀成本的一方；如果契约双方都进行了混合所有制资产专用性的投入，由于资产专用性的存在，国有企业与私有企业之间必然会存在相互依赖或锁定的关系，而资产专用性投入的大小则取决于治理结构或产权结构。可见，混合所有制初始激励契约安排并不完全，资产专用性投入的沉淀成本决定了治理结构，而相应的治理结构又会产生混合所有制资产专用性投入不足问题，因此，基于沉淀成本的治理结构调整是混合所有制契约再谈判的基础。

5.3 混合所有制契约再谈判的剩余权利配置分析

混合所有制初始激励契约的不完全性决定了国有企业与私有企业都面临着混合所有制资产专用性投入的"敲竹杠"问题，而预期到"敲竹杠"行为的发生，国有企业和私有企业的混合所有制资产专用性投入决策势必受到影响，并触发混合所有制资产专用性投入不足等问题的发生，进而影响了混合所有制帕累托改进的效率，甚至使混合所有制契约关系破裂。而基于混合所有制剩余控制权和剩余索取权的混合所有制剩余权利的合理配置可以有效促进契约双方的资产专用性投入和混合所有制治理效率的提升，以下对混合所有制剩余权利配置进行模型分析，并在理论上确定混合所有制剩余权利配置的合理范围。

5.3.1 混合所有制剩余权利配置模型

（1）模型假设

假设国有企业（S）与私有企业（P）签订混合所有制初始激励线性契约，$s(R,Q) = \alpha + \tau^* R + \beta_2^* (Q - Q_0)$，其中，私有企业的混合所有制经济收益比例 τ_P 为 $\tau_P = \tau^*$；国有企业的混合所有制经济收益 τ_S 比例为 $\tau_S = 1 - \tau^*$，且 $\tau_P + \tau_S = 1$。假设混合所有制剩余权利配置系数 $\lambda(\lambda \in [0,1])$ 为一连续变量，令 λ 为国有企业的混合所有制剩余权利系数，则 $1 - \lambda$ 为私有企业的混合所有制剩余权利系数，$\lambda = 1$ 表示具有完全的混合所有制剩余权利，$\lambda \in (0,1)$ 表示国有企业与私有企业都拥有部分混合所有制剩余权利。

假设混合所有制初始激励契约缔结后，国有企业的混合所有制资产专用性投入为 ω_P，私有企业的混合所有制资产专用性投入为 ω_S；假设国有企业与私有企业混合所有制资产专用性投入的成本函数分别为 $C_S(\omega_S)$ 和 $C_P(\omega_P)$，且 $C_i'(\omega_i) > 0, C_i''(\omega_i) \geqslant 0, C_i(0) = 0 (i = S, P)$。

假设国有企业与私有企业混合所有制资产专用性投入后，国有企业主要有两种收益,一种是按照初始剩余权利配置的确定性收益,此时的混合所有制收益为 $R(\omega,\lambda), \omega = (\omega_S, \omega_P)$;另一种是混合所有制有效合作产生的混合所有制收益,记为 $r(\omega)$,且 $r(\omega) > R(\omega,\lambda)$,即契约双方会从混合所有制的有效合作中受益。假设 $R(\omega,\lambda) = \lambda R_S(\omega) + (1-\lambda)R_P(\omega), \lambda = 1$,混合所有制收益 $R(\omega,\lambda) = R_S(\omega)$;$\lambda = 0$,混合所有制收益 $R(\omega,\lambda) = R_P(\omega)$。假设 r 对 $\omega_i(i=S,P)$ 是严格递增的凹函数且二阶导数连续可微,且 $r(0,0) > 0$;$R_i(i=S,P)$ 是对 $r_i(i=S,P)$ 是非减的凹函数且二阶导数连续可导,且 $R_i(0,0) \geq 0$。

假设对于混合所有制契约双方而言,有效合作时的资产专用性投入的边际收益最大,对方拥有全部混合所有制剩余权利的边际收益最小,自身拥有全部混合所有制剩余权利时的边际收益大小处于上述二者之间,即对于任意 ω,$r'_1(\omega) \geq R'_{s1}(\omega) > R'_{p1}(\omega), r'_2(\omega) \geq R'_{p2}(\omega) > R'_{s2}(\omega)$(偏导数的下标 1、2 分别表示对 $\omega = (\omega_S, \omega_P)$ 中的第一变量和第二变量求偏导,下同)。

(2) 模型构造与求解

国有企业与私有企业混合所有制资产专用性投入后的预期收益由两部分组成,一部分是确定性收益,另一部分是混合所有制剩余收益。根据以上假设条件,国有企业与私有企业的确定收益 $u_i(i=S,P)$ 分别为

$$u_S(\omega) = \tau_S[\lambda R_S(\omega) + (1-\lambda)R_P(\omega)], u_P(\omega) = \tau_P[\lambda R_P(\omega) + (1-\lambda)R_S(\omega)]$$

有效合作下混合所有制剩余为 $r(\omega) - R(\omega,\lambda)$,国有企业与私有企业按照混合所有制剩余权利分配系数决定的混合所有制剩余收益 $v_i(i=S,P)$ 分别为 $v_s = \lambda[r(\omega) - R(\omega,\lambda)], v_p = (1-\lambda)[r(\omega) - R(\omega,\lambda)]$。因此,国有企业与私有企业的最终混合所有制预期实际收益 $U_i(i=S,P)$ 为确定收益与剩余收益之和,即

$$U_S(\omega,\lambda) = \tau_S[\lambda R_S(\omega) + (1-\lambda)R_P(\omega)] + \lambda\{r(\omega) - [\lambda R_S(\omega) + (1-\lambda)R_P(\omega)]\}$$

$$U_P(\omega,\lambda) = \tau_P[\lambda R_S(\omega) + (1-\lambda)R_P(\omega)] + (1-\lambda)\{r(\omega) - [\lambda R_S(\omega) + (1-\lambda)R_P(\omega)]\}$$

国有企业与私有企业在混合所有初制始激励契约签订后,契约双方会根据自身的净收益(混合所有制预期收益减去资产专用性投入成本)来决定混合所有制资产专用性投入 $\omega_i(i=S,P)$,当资产专用性投入的边际收益等于边际成本时实现 $\omega_i(i=S,P)$ 的最优投入水平,即 $U'_{S1}(\omega,\lambda) = C'_S(\omega_S)$,$U'_{P1}(\omega,\lambda) = C'_P(\omega_P)$,可求解得到博弈的纳什均衡解 $\omega^e = [\omega_S^e(\lambda), \omega_P^e(\lambda)]$。

第5章 中国国有企业发展混合所有制的契约再谈判分析

$U'_{S1}(\omega,\lambda) = C'_S(\omega_S)$ 和 $U'_{P1}(\omega,\lambda) = C'_P(\omega_P)$ 分别对 λ 求导，可以得到：

$$U''_{S12} \frac{\partial \omega_P^e}{\partial \lambda} + (U''_{S11} - C'_S) \frac{\partial \omega_S^e}{\partial \lambda} + U''_{S13} = 0 \quad (1)$$

$$U''_{P12} \frac{\partial \omega_S^e}{\partial \lambda} + (U''_{P22} - C'_P) \frac{\partial \omega_P^e}{\partial \lambda} + U''_{P23} = 0 \quad (2)$$

（1）和（2）联立方程求解可得：

$$\frac{\partial \omega_S^e}{\partial \lambda} = \frac{U''_{P23} U''_{S12} - U''_{S13}(U''_{P22} - C'_P)}{(U''_{P22} - C'_P)(U''_{S11} - C'_S) - U''_{S12} U''_{P12}} \quad (3)$$

$$\frac{\partial \omega_P^e}{\partial \lambda} = \frac{U''_{P13} U''_{P12} - U''_{P23}(U''_{S11} - C'_S)}{(U''_{P22} - C'_P)(U''_{S11} - C'_S) - U''_{S12} U''_{P12}} \quad (4)$$

在（3）、（4）中，证明可知 $(U''_{P22} - C'_P) < 0, (U''_{S11} - C'_S) < 0; U''_{S12} > 0, U''_{P12} > 0; (U''_{P22} - C'_P)(U''_{S11} - C'_S) - U''_{S12} U''_{P12}$。因此，要使（3）、（4）同时大于等于0或同时小于等于0，需要满足 U''_{S13} 和 U''_{P13} 同时大于等于0或同时小于等于0，U''_{S13} 和 U''_{P23} 展开表达式整理如下

$$U''_{S13} = (\tau_S - 2\lambda)[R'_{S1}(\omega) - R'_{P1}(\omega)] + [r'_1(\omega) - R'_{P1}(\omega)] \quad (5)$$

$$U''_{P23} = (\tau_S - 2\lambda)[R'_{P2}(\omega) - R'_{S2}(\omega)] + [r'_2(\omega) - R'_{S2}(\omega)] \quad (6)$$

由（5）和（6）可知，当 $\lambda \leqslant \frac{1}{2}\left[\tau_S + \frac{r'_1(\omega) - R'_{P1}(\omega)}{R'_{S1}(\omega) - R'_{P1}(\omega)}\right]$ 时，$U''_{S13} \geqslant 0$；当 $\lambda \geqslant \frac{1}{2}\left[\tau_S + \frac{r'_1(\omega) - R'_{P1}(\omega)}{R'_{S1}(\omega) - R'_{P1}(\omega)}\right]$，$U''_{S13} \leqslant 0$ 或 $\lambda \leqslant \frac{1}{2}\left[\tau_S + \frac{r'_2(\omega) - R'_{S2}(\omega)}{R'_{P2}(\omega) - R'_{S2}(\omega)}\right]$ 时，$U''_{P13} \leqslant 0$。对上述条件做如下技术处理。

$$\frac{r'_1(\omega) - R'_{P1}(\omega)}{R'_{S1}(\omega) - R'_{P1}(\omega)} = \frac{\frac{r'_1(\omega) - R'_{P1}(\omega)}{r'_1(\omega)}}{\frac{R'_{S1}(\omega) - R'_{P1}(\omega)}{R'_{S1}(\omega)}} \times \frac{r'_1(\omega)}{R'_{S1}(\omega)} \times \frac{R'_{P1}(\omega)}{R'_{P1}(\omega)} = \frac{1 - \frac{R'_{P1}(\omega)}{r'_1(\omega)}}{1 - \frac{R'_{P1}(\omega)}{R'_{S1}(\omega)}} \times \frac{\frac{R'_{P1}(\omega)}{R'_{S1}(\omega)}}{\frac{R'_{P1}(\omega)}{r'_1(\omega)}}$$

$$\frac{r'_2(\omega) - R'_{S2}(\omega)}{R'_{P2}(\omega) - R'_{S2}(\omega)} = \frac{\frac{r'_2(\omega) - R'_{S2}(\omega)}{r'_2(\omega)}}{\frac{R'_{P2}(\omega) - R'_{S2}(\omega)}{R'_{P2}(\omega)}} \times \frac{r'_2(\omega)}{R'_{P2}(\omega)} \times \frac{R'_{S2}(\omega)}{R'_{S2}(\omega)} = \frac{1 - \frac{R'_{S2}(\omega)}{r'_2(\omega)}}{1 - \frac{R'_{S2}(\omega)}{R'_{P2}(\omega)}} \times \frac{\frac{R'_{S2}(\omega)}{R'_{P2}(\omega)}}{\frac{R'_{S2}(\omega)}{r'_2(\omega)}}$$

令 $\frac{R'_{P1}(\omega)}{R'_{S1}(\omega)} = \eta_S \in (0,1)$；$\frac{R'_{S2}(\omega)}{R'_{P2}(\omega)} = \eta_P \in (0,1)$；$\frac{R'_{P1}(\omega)}{r'_1(\omega)} = \vartheta_1 \in (0,1)$；$\frac{R'_{S2}(\omega)}{r'_2(\omega)} = \vartheta_2 \in (0,1)$，且 $\vartheta_1 \leqslant \eta_S, \vartheta_2 \leqslant \vartheta_P$，则 $\frac{r'_1(\omega) - R'_{P1}(\omega)}{R'_{S1}(\omega) - R'_{P1}(\omega)} = \frac{\eta_S(1-\vartheta_1)}{\vartheta_1(1-\eta_S)}$，$\frac{r'_2(\omega) - R'_{S2}(\omega)}{R'_{P2}(\omega) - R'_{S2}(\omega)} = \frac{\eta_P(1-\vartheta_2)}{\vartheta_2(1-\eta_P)}$。

因此，如果 $\frac{\eta_S(1-\vartheta_P)}{\vartheta_P(1-\eta_S)} \geqslant \frac{\eta_P(1-\vartheta_S)}{\vartheta_S(1-\eta_P)}$，当 $\lambda \geqslant \frac{1}{2}\left[\tau_S + \frac{\eta_S(1-\vartheta_1)}{\vartheta_1(1-\eta_S)}\right]$ 时，$U''_{S13} \leqslant 0, U''_{P13} \leqslant 0$ 则 $\frac{\partial \omega_S^e}{\partial \lambda} \leqslant 0, \frac{\partial \omega_P^e}{\partial \lambda} \leqslant 0$；当 $\lambda \leqslant \frac{1}{2}\left[\tau_S + \frac{\eta_P(1-\vartheta_2)}{\vartheta_2(1-\eta_P)}\right]$ 时，$U''_{S13} \geqslant 0, U''_{P13} \geqslant 0$ 则 $\frac{\partial \omega_S^e}{\partial \lambda} \geqslant 0, \frac{\partial \omega_P^e}{\partial \lambda} \geqslant 0$。如果 $\frac{\eta_S(1-\vartheta_P)}{\vartheta_P(1-\eta_S)} \leqslant \frac{\eta_P(1-\vartheta_S)}{\vartheta_S(1-\eta_P)}$，当 $\lambda \geqslant \frac{1}{2}\left[\tau_S + \frac{\eta_P(1-\vartheta_2)}{\vartheta_2(1-\eta_P)}\right]$ 时，$U''_{S13} \leqslant 0, U''_{P13} \leqslant 0$ 则 $\frac{\partial \omega_S^e}{\partial \lambda} \leqslant 0, \frac{\partial \omega_P^e}{\partial \lambda} \leqslant 0$；当 $\lambda \leqslant \frac{1}{2}\left[\tau_S + \frac{\eta_S(1-\vartheta_1)}{\vartheta_1(1-\eta_S)}\right]$ 时，$U''_{S13} \geqslant 0, U''_{P13} \geqslant 0$ 则 $\frac{\partial \omega_S^e}{\partial \lambda} \geqslant 0, \frac{\partial \omega_P^e}{\partial \lambda} \geqslant 0$。

5.3.2 混合所有制契约再谈判的剩余权利合理配置

根据以上模型分析，以 $\frac{\eta_S(1-\vartheta_P)}{\vartheta_P(1-\eta_S)} \geqslant \frac{\eta_P(1-\vartheta_S)}{\vartheta_S(1-\eta_P)}$ 的情况为例，可得混合所有制剩余权利配置范围的分析结论如下

(1) 当 $\lambda \geqslant \frac{1}{2}\left[\tau_S + \frac{\eta_S(1-\vartheta_1)}{\vartheta_1(1-\eta_S)}\right]$ 时，$U''_{S13} \leqslant 0, U''_{P13} \leqslant 0$，则 $\frac{\partial \omega_S^e}{\partial \lambda} \leqslant 0, \frac{\partial \omega_P^e}{\partial \lambda} \leqslant 0$，说明 $\omega_S^e(\lambda), \omega_P^e(\lambda)$ 随 λ 增大而减小，因此，增加国有企业的剩余权利 λ 比重，不利于混合所有制资产专用性 ω 的投入水平，也就是说在此条件下，适当提高私有企业的混合所有制剩余权利比重有利于契约双方的混合所有制资产专用性投入水平。

(2) 当 $\frac{1}{2}\left[\tau_S + \frac{\eta_P(1-\vartheta_2)}{\vartheta_2(1-\eta_P)}\right]$ 时，$U''_{S13} \geqslant 0, U''_{P13} \geqslant 0$ 则 $\frac{\partial \omega_S^e}{\partial \lambda} \geqslant 0, \frac{\partial \omega_P^e}{\partial \lambda} \geqslant 0$，说明 $\omega_S^e(\lambda), \omega_P^e(\lambda)$ 随 λ 增大而增大，增加国有企业的剩余权利 λ 比重，更有利于混合所有制契约双方的混合所有制资产专用性投入水平。

(3) 当 $\frac{1}{2}\left[\tau_S + \frac{\eta_P(1-\vartheta_2)}{\vartheta_2(1-\eta_P)}\right] \leqslant \lambda \leqslant \frac{1}{2}\left[\tau_S + \frac{\eta_S(1-\vartheta_1)}{\vartheta_1(1-\eta_S)}\right]$ 时，则 $\frac{\partial \omega_S^e}{\partial \lambda} \leqslant 0$，$\frac{\partial \omega_P^e}{\partial \lambda} \geqslant 0$ 或 $\frac{\partial \omega_S^e}{\partial \lambda} \geqslant 0, \frac{\partial \omega_P^e}{\partial \lambda} \leqslant 0$，即契约一方降低混合所有制剩余权利有利于增加契约双方的混合所有制资产专用性投入水平，另一方提高混合所有制剩余权利有利于增加契约双方的混合所有制资产专用性投入水平，其结果是只有一

方降低（提高）混合所有制剩余权利比例，另一方则提高（降低）混合所有制剩余权利比例，但契约双方的混和所有制剩余权利配置的变化都是有利于实现最优的混合所有制资产专用性投入，因此，$\frac{1}{2}\left[\tau_S + \frac{\eta_P(1-\vartheta_2)}{\vartheta_2(1-\eta_P)}\right] \leqslant \lambda \leqslant \frac{1}{2}\left[\tau_S + \frac{\eta_S(1-\vartheta_1)}{\vartheta_1(1-\eta_S)}\right]$ 是契约双方混合所有制剩余权利配置的帕累托解。

混合所有制初始激励契约缔结后，由于契约的不完全性和基于"敲竹杠"行为的机会主义倾向预期，契约双方都存在混合所有制资产专用性投入不足问题，混合所有制剩余权利作为一种隐性激励，有利于促进契约双方的混合所有制资产专用性投入和有效合作，这也就决定了混合所有制剩余权利的配置对于契约再谈判和再缔约具有重要作用。但是，无论是把混合所有制剩余权利较多地赋予国有企业还是赋予私有企业，都不利于混合所有制的发展，当国有企业混合所有制剩余权利超过某一水平时，适当提高私有企业的混合所有制剩余权利比例有利于双方资产专用性投入和有效合作，同样，当私有企业的剩余权利超过某一水平时，适当增加国有企业的混合所有制剩余权利比例将更有利，这是混合所有制剩余权利谈判的硬约束，而混合所有制剩余权利配置的帕累托解则是混合所有制契约再谈判的剩余权利配置的合理选择范围。

5.4 小　结

国有企业发展混合所有制的初始激励契约缔结后，由于契约双方存在有限理性和"敲竹杠"的机会主义倾向，国有企业与私有企业都将面临对方混合所有制资产专用性投入不足问题，致使混合所有制初始激励契约的激励设计和混合所有制帕累托改进受到限制，再加上由于有限理性产生的大量混合所有制事后交易成本，混合所有制初始激励契约缔结表现出不完全性和不适用性。为保证混合所有制的有效发展，国有企业与私有企业需要进行混合所有制契约的再谈判。混合所有制契约再谈判的主要目的是通过有效的治理结构调整和剩余权利配置减少混合所有制"敲竹杠"问题的发生概率，降低混合所有制事后的交易成本，促进混合所有制资产专用性的有效投入。通过本章相关模型的分析得出以下一般性结论。

（1）混合所有制契约双方由于存在有限理性，致使大量事后交易成本的产生，大量的交易成本阻碍了混合所有制的有效发展，而资产专用性投资产生的可占用性准租又增加了缔约后的机会主义行为，进一步增加了契约双方被"敲竹杠"的风险，即国有企业面临着私有企业偷懒式"敲竹杠"问题，私有企业面临着国有企业威胁式"敲竹杠"问题，混合所有制初始激励契约表现出不完全性。

（2）混合所有制资产专用性的沉淀成本大小影响混合所有制剩余分配问题，进而影响混合所有制的治理结构和混合所有制资产专用性投入决策。如果契约一方的混合所有制资产专用性投入具有沉淀成本，没有沉淀成本的一方会利用混合所有制初始契约的不完全性来进行"敲竹杠"行为，损害资产专用性投入一方的利益，此时，混合所有制的产权配置不能给没有沉淀成本的一方；如果契约双方都进行了混合所有制资产专用性的投入，由于资产专用性的存在，国有企业与私有企业之间必然会存在相互依赖或锁定的关系，而资产专用性投入的大小则取决于治理结构或产权结构。沉淀成本在 $0 < K \leqslant V(\omega) - C(\omega)$ 区间内，国有企业混合所有制资产专用性投入具有效率。

（3）混合所有制剩余权利作为一种隐性激励，有利于促进契约双方的混合所有制资产专用性投入和有效合作。但是，无论是把混合所有制剩余权利较多地赋予国有企业还是赋予私有企业，都不利于混合所有制的发展，当国有企业混合所有制剩余权利配置比例超过某一水平，即 $\lambda \geqslant \frac{1}{2}\left[\tau_S + \frac{\eta_S(1-\vartheta_1)}{\vartheta_1(1-\eta_S)}\right]$ 时，适当提高私有企业的混合所有制剩余权利比例有利于双方资产专用性投入和混合所有制的有效合作；当私有企业的剩余权利配置比例超过某一水平，即 $1-\lambda \geqslant 1-\frac{1}{2}\left[\tau_S + \frac{\eta_P(1-\vartheta_2)}{\vartheta_2(1-\eta_P)}\right]$ 时，适当增加国有企业的混合所有制剩余权利比例将更有利。上述条件是混合所有制剩余权利分配谈判的硬约束，而混合所有制剩余权利配置的帕累托解，即 $\frac{1}{2}\left[\tau_S + \frac{\eta_P(1-\vartheta_2)}{\vartheta_2(1-\eta_P)}\right] \leqslant \lambda \leqslant \frac{1}{2}\left[\tau_S + \frac{\eta_S(1-\vartheta_1)}{\vartheta_1(1-\eta_S)}\right]$，则是混合所有制契约再谈判的混合所有制剩余权利配置的合理选择范围。

第6章 中国国有企业发展混合所有制的契约履行分析

混合所有制初始激励契约缔结后，由于契约双方的有限理性及混合所有制发展的不确定性，资产专用性准租占用、"敲竹杠"等机会主义行为难以避免，混合所有制初始激励契约缔结表现出不完全性和不适用性，而基于混合所有制治理结构调整和剩余权利配置的混合所有制契约再谈判不仅可以有效地解决混合所有制初始契约缔结后的契约双方混合所有制资产专用性投入不足问题，还有利于降低混合所有制发展的不确定风险以及减少混合所有制有效治理的机会主义行为。但是，混合所有制制度变迁中原有的单一所有制的制度路径依赖性和搭便车的机会主义倾向等制约混合所有制契约履行的问题，难以在混合所有制契约再谈判中以正式契约约束的形式表述完全，混合所有制契约再谈判也不可避免地陷入另一种不完全。可见，混合所有制契约的不完全性和契约双方的机会主义倾向将持续伴随混合所有制正式契约的动态履约过程。因此，为促进混合所有制契约的履行和治理效率，弥补混合所有制正式契约的不足，基于重复博弈产生的声誉机制、信任机制等非正式规则的混合所有制关系契约治理对于混合所有制契约关系的维护和有效履约就尤为必要。

本章首先分析了单一所有制的制度路径依赖性及由此产生的中国国有企业发展混合所有制的契约履行效率损失问题。然后论述了混合所有制关系契约的产生机理、混合所有制关系契约治理实现的条件，以及关系契约治理结构的选择，最后讨论了促进中国国有企业发展混合所有制履约效率提升的声誉机制激励与信任机制保证。

6.1 混合所有制契约履行的路径依赖障碍

路径依赖是指经济、社会或技术等系统一旦进入某个路径（不论好坏），就会在惯性的作用下不断自我强化，并且锁定在这一特定路径上（尹怡梅等，2011）[①]。经济学对于路径依赖的研究最早始于对技术变迁的分析，而从20世纪90年代起，西方学者逐渐把路径依赖研究的重点从技术变迁转向制度变迁，North是将路径依赖引入制度研究的第一人。North认为，如果人们最初选择的制度变迁路径是正确的，那么沿着既定的路径，经济和政治制度的变迁可能会进入良性循环的轨道，并迅速优化之；反之，则有可能顺着最初选择的错误路径一直走下去，并导致制度陷入无效率的状态中（曹瑄玮等，2008）[②]。中国国有企业发展混合所有制既是国有和私有两种所有制的混合发展过程，又是单一所有制转向混合所有制的制度变迁过程，而制度变迁的路径依赖性也决定了单一所有制所具有的好的或坏的制度特性同时被带入制度变迁中，单一所有制好的制度特性可以形成混合所有制发展的合力，而不好的制度特性也同样构成了混合所有制发展的障碍。

6.1.1 单一所有制的低效率路径依赖

国有企业发展混合所有制是由国有企业、私有企业两种所有制形式向混合所有制形式的转化，而其制度转化过程的本质是单一所有制向混合所有制发展的制度变迁过程。在制度变迁中，国有企业和私有企业两种单一所有制在历史发展中形成了特有的制度特性，并且两种所有制的制度特性又具有显著的差异，各自都有高效率的制度特性，也都有低效率的制度特性，不论高效率还是低效率的制度特性都已惯性地形成了单一所有制固有的制度路径，

[①] 尹怡梅，刘志高，刘卫东. 路径依赖理论研究进展评析 [J]. 外国经济与管理，2011 (8)：1-7.
[②] 曹瑄玮，席酉民，陈雪莲. 路径依赖研究综述 [J]. 经济社会体制比较，2008 (3)：185-191.

这也就难以避免地会带入混合所有制的发展中。高效率的制度特性有利于促进单一所有制向混合所有制的制度变迁，而对于低效率的制度特性，部分可以通过单一所有制向混合所有制度变迁中以比较优势的形式予以抵消，由高效率的制度特性予以弥补，但是，还有很大一部分低效率制度特性短期内很难改变，低效率制度特性的路径依赖性构成了混合所有制契约履行的制度障碍，阻碍了混合所有制的发展。

(1) 国有企业的低效率路径依赖性

国有企业在其发展的过程中长期受到委托-代理、预算软约束、企业目标多元化及激励约束机制弱化等问题的困扰和影响，惯性地形成了国有企业固有的低效率制度特性的路径依赖性，而国有企业低效率路径依赖性的根源主要集中在国有企业政企不分下的国有企业领导者的激励扭曲问题[①]，主要表现在以下几个方面。

第一，缺乏市场意识。在预算软约束的条件下，国有企业相当于拥有了"完全保险制度"，即项目投资能获得银行的"优先融资"，经营困难可获得政府援助，企业亏损能得到财政补贴。这样，没有生存压力的国有企业缺少市场意识，主动盈利性不强，而国有企业领导者的激励机制不足使其缺少危机意识与成本概念，资源浪费严重，造成国有企业的高成本低收益，进而形成资源配置的低效率和社会福利损失。

第二，政企不分，行政化管理严重。国有企业归全体人民所有，政府代表人民行使国有资产的控制权和使用权，政府通过选派、选拔相关管理人员代表政府管理国有企业，而国有企业的管理人员一般都有行政级别，同时国有企业管理人员与政府官员的具有职位交替的政治路径，促使国有企业形成了行政管理的制度路径，严重的行政化管理使国有企业的官本位思想和官僚主义作风浓厚。

第三，过于追求经营规模。国有企业的行政化级别和职务激励目标使国

---

① 国有企业的政企不分使国有企业的领导者具有行政级别和企业管理者双重身份，而行政级别的晋升激励又优于企业管理的绩效激励，这就促使国有企业的领导者更加追求个人的职务晋升目标，又由于国有资产的产权所有者虚置，国有企业的领导者很容易会受到"不求有功但求无过的"的影响。此外，国有企业的领导者在企业与政府机构之间具有较强的流动性，很容易滋生国有企业领导者的短期行为和不作为。

有企业领导人具有追求企业规模的经营偏好，因为大的企业规模可以获得更高的行政级别，这样就容易产生国有企业成本高、利润低以及产能过剩等问题，国有企业偏离了做强、做优的目标，而形成做大偏好的低效率路径依赖性。

第四，国企管理者缺乏企业家精神。国有企业历史发展的特殊性以及国家赋予它的功能定位，使其既有经济目标又有社会目标，既有利润目标又有政治目标，既有效率目标又有公平目标，企业目标呈现多元化。多元的目标又不分伯仲，相互交织，其结果是各目标难以兼顾，矛盾冲突不断，国有企业管理者难以发挥企业家精神，无论怎样做都不能使所有目标都实现，总会存在不满意的声音，而严重的行政管理体制最终使"保住位置"成为国有企业管理者的最优选择。此外，由于国有企业的现代公司治理结构不健全，所有者虚置和约束机制空缺，容易形成所谓的"内部人"控制，"59岁现象"、过度职务消费及腐败现象频发。

(2) 私有企业的低效率路径依赖

私有企业相对国有企业具有的产权清晰、目标单一、风险控制权强及机制灵活等明显的制度优势，但是，私有企业也同样具有低效率的制度特性，低效率制度特性的根源主要集中于私有企业机会主义倾向的制度天性，主要表现在以下几个方面。

第一，诚信不足。私有企业机会主义倾向的制度天性决定了其为实现逐利的目的在企业经营中表现出较低的诚信度，契约欺骗、账目造假、偷税漏税、以次充好及逃避债务、行贿收买等问题时常发生。私有企业在所有者诚信、经营者诚信、生产成果诚信及劳动者诚信等几方面都存在一定程度的诚信不足问题，致使私有企业在长期发展中形成了诚信不足的低效率路径依赖性。

第二，注重追逐短期收益。私有企业机会主义倾向的制度天性促使其更加关注短期收益，对于资本投入高、技术设备投入大、回报周期长的中长期项目具有抵触性，尤其是对于公共产品和服务等投资回报率较低的项目更具有排斥性，这也就决定了私有企业形成了过重关注短期收益、缺少长期战略发展和布局，以及不注重提供社会产品的低效率路径依赖性。

第三，家长式管理作风严重。私有企业的建立和发展的产权基础决定了私有企业领导者具有企业的绝对权威性，私有企业的企业文化在某种程度上是私有企业领导者文化的体现，私有企业领导者的个人能力、素质、偏好的差异决定了企业的目标定位、发展方向以及管理方式，而私有企业普遍存在的家长式管理作风以及形成的"一言堂"现象，使私有企业的发展更多地集中于一个人或几个人身上，致使形成了管理层执行力强但创造力不足的低效率路径依赖性。

6.1.2 混合所有制契约履行效率的路径依赖性损失

国有企业和私有企业在混合所有制契约履行时，如果契约一方具有混合所有制的控制权，那么另一方则主要行使监督权，但是，无论国有企业和私有企业在混合所有制中行使哪种权利，单一所有制的低效率路径依赖性都会带来混合所有制的履约效率损失问题。

（1）构建混合所有制履约博弈模型

混合所有制契约履行中，国有企业和私有企业各有履约和不履约两种策略，假设混合所有制契约履行中拥有控制权一方的履约策略选择是不侵占，不履约的策略选择则是侵占；拥有监督权一方的履约策略选择是监督，不履约的策略选择则是不监督。

为分析方便，模型做出如下假设：（1）假设混合前国有、私有两种所有制具有相同的收益 M；（2）假设混合后国有、私有两种所有制具有相同的混合所有制履约预期收益 R；（3）假设混合后国有、私有两种所有制不履约的搭便车收益为 K，如果一方采取了不履约策略，则另一方采取履约的策略收益是 r；（4）假设混合所有制契约双方采取不履约策略时至少可以获得混合前的保守收益 M；（5）假设 $R>r>M>K$。

根据契约双方履约与否的策略组合，混合所有制履约博弈矩阵如图 6-1 所示。

		控　制　权	
		不履约（侵占）	履约（不侵占）
监督权	履约（监督）	$r, M+K$	R, R
	不履约（不监督）	M, M	$M+K, r$

图 6-1　混合所有制履约博弈矩阵

(2) 低效率路径依赖性与混合所有制履约博弈分析

从混合所有制履约博弈的支付矩阵可以得出，如果拥有控制权的一方选择不履约策略，由于 $r>M$，监督权一方的最优策略选择是履约；如果控制权一方选择履约策略，监督权一方策略的选择会在比较 $M+K$ 和 R 的大小后而决定，如果 $M+K<R$ 则履约，$M+K>R$ 则不履约；如果拥有监督权的一方选择不履约策略，由于 $r>M$，控制权一方的最优策略选择是履约；如果监督权一方选择履约策略，控制权一方的策略选择会在比较 $M+K$ 和 R 的大小后决定，如果 $M+K<R$ 则履约，$M+K>R$ 则不履约。因此，如果 $M+K<R$，混合所有制履约博弈具有占有策略均衡，即（履约，履约）；如果 $M+K>R$，混合所有制履约博弈则不具有占有策略均衡而具有纳什均衡，即（履约，不履约）和（不履约，履约）。通过混合所有制履约博弈的支付矩阵分析可以发现，只要 $M+K>R$，不履约的保守收益与搭便车收益之和将高于混合所有制的预期收益，混合所有制契约履行中总会出现一方不履约的履约策略选择，而不履约策略选择的原因就在于单一所有制的低效率路径依赖性产生的机会主义行为，以下分两种情况分别讨论单一所有制的低效率路径依赖性与混合所有制不履约策略选择的原因。

第一种情况，国有企业拥有混合所有制的控制权，私有企业主要行使监督权。由于国有企业拥有混合所有制的控制权，那么，混合所有制的性质仍然是具有强烈的国有企业性质，国有企业的低效率问题很难有实质性改善。如果国有企业履约，私有企业作为行使监督权的一方，由于受到机会主义倾向的制度天性而产生的私有企业低效率路径依赖性的影响，私有企业会选择不履约，即私有企业并不会对国有企业失灵等问题进行纠正和监督。之所以私有企业会以不履约的不监督策略作为最优选择，其原因就在于，当国有企业拥有资源优势、政策禀赋等"特权"时(诸如预算软约束、自然垄断及行政壁垒等),私有企业则积极致力于倡导公平竞争、痛恨差别待遇、指责国有垄断低效率的问题,然而事实上,私有企业并非真正痛恨"特权",其真正痛恨的是自己没有这种"特权",一旦建立混合所有制后,私有企业参与其中并可以分享到"特权",其天然的逐利本质和不诚信的低效率路径依赖性必然会利用国有企业的"特权"优势而采取不监督策略,以获取搭便车的不履约收益,混合所有制的履约效率受到损失,国有企业不能实现发展混合所有制的目的。如果国有企业不履约,即使私有企业行使监督权力的履约策略,由于国有企业的自身比重过大且具有控制权,混合所有制的履约效率同样受到损失,还可能造成私有企业的混合所有制的资产专用投入损失,存在国有企业吞并私有企业的风险。

第二种情况,私有企业拥有混合所有制的控制权,国有企业主要行使监督权。如果私有企业采取履约即不侵占策略,由于国有企业受到政企不分下的国有企业领导者的激励扭曲的影响,国有企业领导者的监督权力并不完全构成其个人政治目标的激励约束,在私有企业不侵占的策略下,国有企业则会以最小的成本付出选择搭便车的不监督策略;如果私有企业不履约即采取侵占策略,私有企业机会主义倾向的制度天性不仅会利用控制权侵占国有企业的混合所有制剩余分配,还会利用控制权去过度追逐经济收益,减少混合所有制的社会产品投入,造成社会福利损失,而国有企业如果采取不履约即不监督的策略选择,那么,国有企业与私有企业的不履约策略不仅会带来国有资产的流失还会使混合所有制契约关系破裂,国有企业必须要采取监督的策略选择,但是,在利益的诱惑下,私有企业可能采取拉拢、腐蚀国有企业的机会主义行为,国有企业的监督效率存在不确定性。

可见,在混合所有制契约履行中,不论国有企业与私有企业哪一方拥有控制权或者监督权,单一所有制的制度路径依赖性总会使契约双方具有搭便车(不履约)的机会主义倾向,只要不履约的收益大于了混合所有制履约的预期收益,国有企业和私有企业(履约,不履约)和(不履约,履约)两种策略组合就会形成纳什均衡,而比较(履约,不履约)和(不履约,履约)两种策略组合收益可以发现,混合所有制契约履行的收益损失为$(R-r)+$

$R-(M+k)=2R-r-M-k$，混合所有制契约履行出现效率损失。进一步比较两组策略组合的收益可以发现，即使不履约的收益 $M+K$ 远大于履约的预期收益 R，使国有企业和私有企业（履约，不履约）和（不履约，履约）两种策略的收益大于了（履约，履约）策略的收益，即 $r+M+k>R+R$，在这种情况下，虽然总收益增加了，但是混合所有制契约履行带来的结果要么是私有企业拥有控制权下的国有资产流失，要么是国有企业拥有控制权下的私有财产被国有企业吞并，混合所有制契约履行仍然是效率损失的。

6.2 混合所有制契约履行的关系契约治理分析

有限理性、交易成本、机会主义倾向，以及第三方的不可证实性等因素决定了混合所有制契约的不完全性，尤其是单一所有制的路径依赖性更加带来了混合所有制契约履行的效率损失，这就决定了一次博弈下的混合所有制契约关系不可避免地会产生"敲竹杠"和机会主义问题，混合所有制的正式契约表现出其局限性，国有企业发展混合所有制也难以实现最优的帕累托改进。但是，在混合所有制不完全契约的条件下，基于重复博弈产生的关系契约治理可以使得"敲竹杠"、机会主义问题并不会像一次博弈那么严重，通过关系契约的治理结构和自动履约机制可以降低混合所有制契约履行的效率损失。

6.2.1 混合所有制关系契约的产生机理

关系契约是在第三方无法证实的条件下，契约双方依赖于未来关系价值而达成的自动履约协议，如果混合所有制的契约关系仅是一次性博弈，那么混合所有制关系契约治理不会产生作用，混合所有制的关系契约治理一定是建立在混合所有制契约履行的重复博弈条件下。混合所有制关系契约在重复博弈中可以通过标准的纳什触发策略来实施，其基本思想是混合所有制契约的一方（国有企业或者私有企业）试探性地与对方（私有企业或国有企业）

合作，采取履约策略，如果对方合作则继续采取履约策略，如果一旦发现对方不合作，在此后阶段则会采用不合作策略进行报复。因此，如果要实现混合所有制最优关系契约履行的重复博弈均衡，则需满足混合所有制契约双方的不履约收益必须小于因不履约而遭受的长期损失的激励形容条件，而重复博弈中的混合所有制最佳治理结构则是以最低贴现率来执行混合所有制契约关系的治理结构。

假设混合所有制契约履行的重复博弈中，契约双方不知道博弈的终点，但国有企业和私有企业具有共同的时间偏好，且都以相同的贴现率 δ（$0<\delta<1$）对混合所有制的未来收益进行贴现。假设 S^R 和 S^r 分别表示国有企业在混合所有制关系契约履行中背离合作所获得的短期收益诱惑和背离合作的长期损失；P^R 和 P^r 分别表示私有企业在混合所有制关系契约履行中背离合作所获得的短期收益诱惑和背离合作的长期损失。根据混合所有制关系契约履行的重复博弈均衡条件，国有企业和私有企业需要满足不履约收益必须小于因不履约而遭受的长期损失的激励形容条件，即 $S^R \leqslant \frac{\delta}{1-\delta}S^r, P^R \leqslant \frac{\delta}{1-\delta}P^r$，其中，$\frac{\delta}{1-\delta} = \sum_{n=1}^{\infty}\delta = \delta^2 + \cdots + \delta^n$。可见，只有贴现率 δ 在一定取值范围内，才能满足混合所有制关系契约履行的激励相容条件，混合所有制关系契约治理与履行才能够实现，相反，如果贴现率 δ 超过一定范围，混合所有制契约治理结构不能够诱发混合所有制关系契约的产生，因此，实现混合所有制关系契约治理和自动履约条件的实质就是找到和促成混合所有制最优关系契约所需要的最小贴现率 δ。

6.2.2 混合所有制关系契约治理的实现条件

按照混合所有制初始契约缔结和再谈判相关模型的研究假设，假设私有企业和国有企业的发展混合所有制的成本函数分别是 C_S 和 C_P，各自的混合所有制剩余分别是 R_S 和 R_P，且有 $C_S = \frac{R_S^2}{2\psi}, C_P = \frac{R_P^2}{2(1-\psi)}$，其中成本函数中的 ψ（$0<\psi<1$）和 $1-\psi$ 表示国有企业和私有企业对于混合所有制剩余的贡献

程度，ψ 越大，表示国有企业对于混合所有制剩余的边际贡献率越大，国有企业增加投资比私有企业增加投资会更有效率。

那么，混合所有制契约关系合作的总剩余 $\pi = R_S + R_P - \dfrac{R_S^2}{2\psi} - \dfrac{R_P^2}{2(1-\psi)}$。按照边际收益等于边际成本的混合所有制最优产出解，分别对混合所有制总剩余求偏导，可得关系契约决策下各自的最优收益 $R_S = \psi$，$R_P = 1 - \psi$，分别带入各自成本函数，则 $C_S = \dfrac{\psi}{2}$，$C_P = \dfrac{1-\psi}{2}$。

在静态博弈中，按照混合所有制剩余的分配比例 τ 和 $1-\tau$，国有企业和私有企业可得的混合所有制剩余分别为

$$\pi_S = \tau(R_S + R_P) - \dfrac{R_S^2}{2\psi},\quad \pi_P = (1-\tau)(R_S + R_P) - \dfrac{R_P^2}{2(1-\psi)}$$

如果契约双方仅按照各自的边际收益等于边际成本获得最优产出解，分别对国有企业和私有企业获得的混合所有制剩余求偏导，可得 $\widetilde{R}_S = \tau\psi$，$\widetilde{R}_P = (1-\tau)(1-\psi)$，分别带入各自成本函数，则 $\widetilde{C}_S = \dfrac{1}{2}\tau^2\psi$，$\widetilde{C}_P = \dfrac{1}{2}(1-\tau)^2(1-\psi)$。

在混合所有制契约履行的重复博弈中，国有企业、私有企业不同策略选择下可以获得三种混合所有制收益，分别是利己决策下的混合所有制单边最优反应收益 $\hat{\pi}_i(i=S,P)$、混合所有制关系契约合作决策的最优关系收益 $\pi_i(i=S,P)$ 和静态博弈下的均衡收益 $\widetilde{\pi}_i(i=S,P)$，根据以上相关结果计算可得：

$$\hat{\pi}_S = \tau(\widetilde{R}_S + R_P) - \widetilde{C}_S = \tau(\tau\psi + 1 - \psi) - \dfrac{1}{2}\tau^2\psi + \tau - \tau\psi$$

$$\hat{\pi}_P = (1-\tau)(R_S + \widetilde{R}_P) - \widetilde{C}_P = (1-\tau)[\psi + (1-\tau)(1-\psi)] - \dfrac{1}{2}(1-\tau)^2(1-\psi)$$

$$= \dfrac{1}{2}(1-\tau)^2(1-\psi) + \psi(1-\tau)$$

$$\pi_S = \tau(R_S + R_P) - C_S = \tau(\psi + 1 - \psi) - \dfrac{1}{2}\psi = \tau - \dfrac{1}{2}\psi$$

$$\pi_P = (1-\tau)(R_S + R_P) - C_P = (1-\tau)(\psi + 1 - \psi) - \dfrac{1}{2}(1-\psi)$$

$$= (1-\tau) - \dfrac{1}{2}(1-\psi)$$

$$\hat{\pi}_S = \tau(\widetilde{R}_S + \widetilde{R}_P) - \widetilde{C}_S = \tau[\tau\psi + (1-\tau)(1-\psi)] - \frac{1}{2}\tau^2\psi$$

$$= \frac{1}{2}\tau^2\psi + \tau(1-\tau)(1-\psi)$$

$$\hat{\pi}_P = (1-\tau)(\widetilde{R}_S + \widetilde{R}_P) - \widetilde{C}_P = (1-\tau)[\tau\psi + (1-\tau)(1-\psi)] - \frac{1}{2}(1-\tau)^2(1-\psi)$$

$$= \frac{1}{2}(1-\tau)^2(1-\psi) + \tau\psi(1-\tau)$$

比较国有企业、私有企业在混合所有制关系契约履行中背离合作所获得的短期收益诱惑 S^R，P^R 和背离合作的长期损失 S^r，P^r 可得：

$$S^R = \hat{\pi}_S - \pi_S = \frac{1}{2}\tau^2\psi + \tau - \tau\psi - \left(\tau - \frac{1}{2}\psi\right) = \frac{1}{2}\psi(\tau-1)^2$$

$$S^r = \pi_S - \widetilde{\pi}_S = \tau - \frac{1}{2}\psi - \left[\frac{1}{2}\tau^2\psi + \tau(1-\tau)(1-\psi)\right]$$

$$= \tau^2 - \frac{3}{2}\tau^2\psi + \tau\psi - \frac{1}{2}\psi$$

$$P^R = \hat{\pi}_P - \pi_P = \frac{1}{2}(1-\tau)^2(1-\psi) + \psi(1-\tau) - \left[(1-\tau) - \frac{1}{2}(1-\psi)\right]$$

$$= \frac{1}{2}(1-\psi)\tau^2$$

$$P^r = \pi_P - \widetilde{\pi}_P = (1-\tau) - \frac{1}{2}(1-\psi) - \left[\frac{1}{2}(1-\tau)^2(1-\psi) + \tau\psi(1-\tau)\right]$$

$$= \psi + \frac{3}{2}\tau^2\psi + \tau\psi - 2\tau\psi - \frac{1}{2}\tau^2$$

根据不履约收益必须小于因不履约而遭受的长期损失的混合所有制关系契约履行的重复博弈均衡的激励相容约束，可得国有企业与私有企业遵循关系契约决策的激励相容条件分别为

$$S^R \leqslant \frac{\delta}{1-\delta}S^r \Rightarrow \frac{1}{2}\psi(\tau-1)^2 \leqslant \frac{\delta_S}{1-\delta_S}\left(\tau^2 - \frac{3}{2}\tau^2\psi + \tau\psi - \frac{1}{2}\psi\right)$$

$$P^R \leqslant \frac{\delta}{1-\delta}P^r \Rightarrow \frac{1}{2}(1-\psi)\tau^2 \leqslant \frac{\delta_P}{1-\delta_P}\left(\psi + \frac{3}{2}\tau^2\psi - 2\tau\psi - \frac{1}{2}\tau^2\right)$$

整理可得：$\delta_S \geqslant \dfrac{\psi(1-\tau)^2}{2\tau^2(1-\psi)}$，$\delta_P \geqslant \dfrac{\tau^2(1-\psi)}{2\psi(1-\tau)^2}$，当国有企业与私有企业具有相同的贴现率偏好，即 $\delta_S = \delta_P$ 时，解 $\dfrac{\psi(1-\tau)^2}{2\tau^2(1-\psi)} = \dfrac{\tau^2(1-\psi)}{2\psi(1-\tau)^2}$ 可得，$\delta_S = \delta_P \geqslant 0.5$。

因此，混合所有制关系契约治理和自动履约的实现条件是混合所有制最优关系契约所需要的最小贴现率为 0.5。

6.2.3 混合所有制关系契约的治理结构选择

混合所有制关系契约治理和自动履约的条件是国有企业和私有企业需要满足重复博弈下混合所有制契约履行的激励相容约束，这就要求国有企业和私有企业需要建立足够的信任关系和足够的耐心，如果国有企业与私有企业具有足够的耐心，贴现率则接近于1，契约双方越缺少耐心，贴现率越接近于0，而混合所有制关系契约治理和自动履约的实现条件是混合所有制最优关系契约所需要的最小贴现率为 0.5，不同的贴现率反映了不同的混合所有制关系契约治理结构选择，如图 6-2 所示。

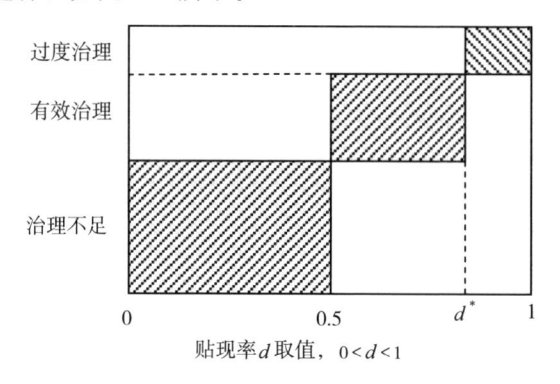

图 6-2 重复博弈下的混合所有制关系契约治理结构选择

当贴现率 δ 满足 $0<\delta<0.5$ 时，国有企业与私有企业表现得缺少耐心、合作的信任度不高并且不注重声誉的影响，混合所有制存在治理不足，此条件下无法满足混合所有制关系契约和自动履约的实现条件，不能支持混合所有制的关系契约治理，混合所有制正式契约的不完全性带来的机会主义问题难以避免。

当贴现率 δ 满足 $0.5 \leqslant \delta \leqslant \delta^*$ 时，δ^* 是治理的边际成本，等于边际收益时的贴现率水平，国有企业与私有企业逐步表现得具有耐心并且注重声誉的影响，混合所有制关系契约治理和自动履约可以有效抑制混合所有制正式契约的不完全性产生的机会主义问题，重复博弈下的混合所有制关系契约治理结构表现为有效治理。

当贴现率 δ 满足 $\delta^* \leqslant \delta \leqslant 1$ 时，过高的治理水平超过了机会主义风险水平，会增加不必要的治理成本，即混合所有制关系契约治理的边际收益大于了治理的边际成本，重复博弈下的混合所有制关系契约治理结构表现为过度治理。

因此，贴现率 δ 满足 $\sigma \in [0.5, \delta^*]$ 时，可以实现混合所有制关系契约的有效治理，同时也是最优混合所有制关系契约治理结构的贴现率选择，低于或高于这个范围都不利于混合所有制关系契约的治理和履约。

6.3 混合所有制契约履行的自动履约机制分析

混合所有制契约关系在一次博弈条件下，契约双方不可避免地会出现机会主义问题，单一所有制的低效率路径依赖性又使混合所有制契约关系更加脆弱，而基于重复博弈的混合所有制关系契约在满足贴现率约束的条件下，可以通过混合所有制的关系契约治理和自动履约来防止和降低混合所有制机会主义问题的发生，以保证混合所有制的履约效率。混合所有制关系契约下的自我履约机制是一种非正式规则，是不依赖于法院强制实施契约条款的"隐性契约"实施机制，主要依靠混合所有制契约双方自我实施的机制来防止机会主义行为，具体包括声誉机制和诚信机制。

6.3.1 混合所有制契约履行的声誉机制激励

声誉机制是一种用于解决市场中信息不对称问题，提高市场效率的非正式制度安排（郑秀杰等，2010）[①]。声誉机制作为关系契约的自我履约机制可以激励混合所有制自我履约的实现，但声誉机制的实施也受到一定条件的限制，通过声誉机制激励实现混合所有制契约履行的有效性至少需要满足三个

[①] 郑秀杰，杨淑娥. 提高我国企业声誉机制作用效率的对策研究[J]. 科技进步与对策，2010 (8)：114-119.

条件：第一，重复博弈条件下，声誉机制能够产生激励混合所有制履约的声誉租金；第二，声誉机制的有效实施需要有混合所有制正式契约的惩罚机制作为保障和反向激励；第三，混合所有制的声誉激励不能出现声誉激励扭曲。

(1) 声誉租金与混合所有制履约激励

在混合所有制契约履行的过程中，如果仅是一次性履约博弈，那么混合所有制契约履行效率的损失不可避免，声誉机制不能解决混合所有制契约双方的机会主义问题。只有在重复博弈的条件下，声誉机制才能使混合所有制契约双方为了获得更高的未来合作收益而放弃短期的机会主义行为，声誉机制产生的声誉租金可以有效激励混合所有制的契约履行。

假设 $R_{i1}(i=S,P)$ 表示国有企业或私有企业在混合所有制契约履行中采取不履约策略的短期收益；$R_{i2}(i=S,P)$ 表示混合所有制契约关系终止时违约方所损失的未来预期收益流的贴现值；π_i 表示混合所有制契约关系终止时违约方在未来各期的收益损失；$K_i(i=S,P)$ 表示国有企业、私有企业不履约时损失的混合所有制资产专用性投入的沉淀成本；σ 为贴现率水平，则

$$R_{2i} = \pi_0 + \frac{\pi_1}{1+\sigma} + \frac{\pi_2}{(1+\sigma)^2} + \cdots = \sum_{n=0}^{\infty} \frac{\pi_n}{(1+\sigma)^n}$$

当 $R_{i1}(i=S,P) - K_i(i=S,P) > R$ 时，国有企业、私有企业选择不履约策略的收益大于混合所有制长期合作收益，声誉机制不能发生作用；当 $R_{i1}(i=S,P) - K_i(i=S,P) < R_{i2}(i=S,P)$，即 $R_{i1}(i=S,P) < \sum_{n=0}^{\infty} \frac{\pi_n}{(1+\sigma)^n} + K_i(i=S,P)$ 时，国有企业、私有企业采取履约策略获得的未来收益将大于不履约策略获得的短期收益，履约可以产生声誉租金 $\sum_{n=0}^{\infty} \frac{\pi_n}{(1+\sigma)^n} + K_i(i=S,P) - R_{i1}(i=S,P)$，声誉租金可以激励混合所有制契约双方抑制机会主义问题，以实现更好的履约。因此，混合所有制契约履行的声誉机制激励条件是

$$\sum_{n=0}^{\infty} \frac{\pi_n}{(1+\sigma)^n} + K_i(i=S,P) - R_{i1}(i=S,P) > 0$$

(2) 混合所有制声誉机制的惩罚保障

声誉租金可以正向激励混合所有制契约双方遵守契约，但是，为了使声誉机制发挥更大的效率，除了声誉租金的正向激励外，还需要通过明确的惩

罚机制对声誉机制给予保障，使混合所有制不履约的策略选择能够得到惩罚约束，反向激励混合所有制契约双方保持声誉。

国有企业与私有企业在混合所有制契约履行中都具有不履约的可能性，由于国有企业是委托人，私有企业是代理人，假设私有企业为了追逐短期利益而具有更高的违约偏好。假设私有企业具有两个选择的类型，$\chi=0$ 表示履约，$\chi=1$ 表示违约；假设 ν 表示私有企业违约造成混合所有制剩余的损失率；假设在 t 阶段混合所有制契约履行的重复博弈中，N_t 是国有企业认为私有企业选择履约策略的概率，$t=0$ 时，国有企业对私有企业履约的先验概率是 P_0，不履约的先验概率是 $1-P_0$。那么，如果在 t 阶段国有企业发现私有企业的机会主义行为，根据贝叶斯法则，在 $t+1$ 阶段，国有企业认为私有企业采取履约策略的后验概率为

$$P_{t+1}(\chi=0/\nu_t=1)=\frac{P_t\times 0}{P_t\times 0+(1-P_t)\times N_t}=0$$

这也就说明，如果私有企业在 t 期采取不履约策略，根据混合所有制剩余的损失，国有企业可以判断私有企业的类型，从而可以判断 $t+1$ 期私有企业履约的概率，进而对私有企业进行惩罚，而私有企业考虑到国有企业的惩罚可能会导致其失去代理人身份，惩罚约束使私有企业不到博弈的最后阶段都不会选择不履约策略。

因此，基于混合所有制正式契约的违约惩罚约束有利于反向激励混合所有制契约双方保持声誉，这也就要求混合所有制正式契约必须明确混合所有制契约双方违约的惩罚条款。

（3）混合所有制声誉激励扭曲

国有企业与私有企业的低效率路径依赖性容易造成混合所有制声誉激励的扭曲，进而降低了声誉机制对于混合所有制契约履行的履约效率。声誉机制主要通过未来收益与违约收益的比较，以是否可以获取声誉租金作为标准，进而选择违约还是履约，然而，国有企业与私有企业对于声誉不同的认知会产生不同的声誉标准，不同的声誉标准可能会带来剩余机制的效率损失。

国有企业具有显著的政企不分的低效率路径依赖性，那么，对于国有企业领导者来说，其声誉的追求标准不一定是混合所有制剩余的最大化，而能

够促成其职务级别和职务晋升等个人目标诉求实现的声誉则可能更多地被付诸于混合所有制契约履约的声誉维护上，这样，混合所有制的发展则具有做大的偏好，因为企业规模与行政级别及职务晋升具有相关性，国有企业很有可能忽视声誉租金而把盲目做大混合所有制规模作为其声誉的体现，容易造成声誉激励扭曲。

私有企业也同样具有声誉激励扭曲的问题，私有企业机会主义的制度天性使其具有更加乐于追逐短期收益的偏好，虽然混合所有制履约的声誉租金使其能够获得更多的收益，但是这要求私有企业需要具有极强的耐心，因为声誉租金的获得的是长期收益。然而，私有企业对于声誉的诉求更多地建立在企业实力的基础上，雄厚的企业资源基础可以使私有企业获得更高的市场竞争声誉，这样，在私有企业短期逐利的偏好和获取市场声誉的激励扭曲条件下，私有企业具有获取混合所有制短期违约收益而"套现离场"的机会主义倾向，声誉机制则难以发挥作用。

因此，混合所有制声誉机制的实施要防止国有企业和私有企业声誉激励扭曲的出现，无论国有企业还是私有企业的声誉激励扭曲都不利于混合所有制契约履行的履约效率。

6.3.2 混合所有制契约履行的信任机制保证

信任是企业把一次性博弈转化为重复博弈的有效机制，是声誉机制的载体（Kreps，1990）[1]。对交易各方而言，信任的作用在于能够提供稳定的心理预期，从而降低信息不对称下的交易成本（Williamson，1975）[2]。混合所有制契约双方在面对契约以外不可预见的事件时，较高的信任可以促使契约双方更好地保持混合所有制的契约履行，而较低的信任则会降低混合所有制契约履行效率。

---

[1] Kreps D. A course in Microeconomic Theory [M]. Princeton：Princeton University Press，1990.

[2] O Williamson. Markets and Hierarchies：analysis of antitrust implications [M]. New York：Free Press，1975.

假设在混合所有制契约履行中，国有企业有信任和不信任两种策略，私有企业有欺诈和不欺诈两种策略，私有企业采取欺诈策略的收益是 $2R$，采取不欺诈的策略的收益是 R；假设私有企业采取欺诈策略时，国有企业采取信任策略的收益是 $-R$，私有企业采取不欺诈策略时，国有企业采取信任策略的收益是 R；假设国有企业采取不信任策略时，国有企业和私有企业的收益为 0，构建混合所有制信任机制博弈矩阵如图 6-3 所示。

		私有企业	
		欺诈（不履约）	不欺诈（履约）
国有企业	信任	$-R$, $2R$ ($2R-L$)	R, R
	不信任	0, 0	0, 0

图 6-3　混合所有制信任机制博弈矩阵

分析混合所有制信任机制博弈矩阵可知，混合所有制契约履行的信任机制必须建立在重复博弈的条件下，如果仅是一次性博弈，私有企业采取欺诈策略的收益大于不欺诈策略的收益，国有企业单边的信任策略不能避免私有企业的机会主义行为，一次性博弈的纳什均衡止步在（不信任，欺诈）这一策略组合，信任机制不能建立。而在重复博弈条件下，如果信任博弈进入第二阶段，由于在第一阶段国有企业发现私有企业采取了欺诈策略，在触发策略的作用下，国有企业会采取不信任策略，而私有企业此时的收益是 0，如果把重复博弈下的（信任，不欺诈）策略组合收益与一次性博弈的（信任，不欺诈）策略组合收益做比较，可以发现，只要 $\frac{\delta}{1-\delta} \times R > 2R$（$\sigma$ 为贴现率），即 $\sigma > \frac{2}{3}$，基于合作的长期收益，私有企业会持续采取不欺诈策略。如果混合所有制正式契约中对于欺诈行为能够写入明确的惩罚条款，并且惩罚约束足够大，例如在上述混合所有制信任机制博弈矩阵中，私有企业如果采取欺诈行为，私有企业将受到惩罚，惩罚与欺诈的收益和为 $2R-L$，若 $2R-L < R$，即 $L > R$，那么，私有企业在一次性博弈中也不会选择欺诈策略。

因此，混合所有制契约双方基于惩罚与违约的收益计算，在触发策略的作用下，通过长期收益和短期收益的对比，契约双方可以建立合作的初步信任关系，而接下来混合所有制契约履行的重复博弈中，契约双方会以建立信任关系产生的相关知识、经验及信息等为依据选择相应的信任与不信任策略，经过信任的重复博弈，混合所有制契约双方可以通过长期、稳定的信任机制保证混合所有制的契约履行。

可见，在重复博弈条件下，如果混合所有制发展的长期收益流大于短期不履约的机会主义收益，同时，契约双方背叛或欺诈行为发生时，契约双方能够用一定的惩罚机制惩罚背叛方，并且惩罚真实可信、切实可行，那么契约双方就能够建立混合所有制契约履行的长期信任机制，实现混合所有制契约自我履行的一种非正式规则的制度保证。

6.4 小　结

混合所有制契约再谈判虽然可以解决混合所有制契约不完全产生的混合所有制资产专用性投入不足等问题，但是，混合所有制制度变迁中原有的单一所有制的制度路径依赖性和搭便车的机会主义倾向等制约混合所有制契约履行的问题，难以在混合所有制契约再谈判中以正式契约约束的形式表述完全，混合所有制契约再谈判也不可避免地陷入不完全。因此，为促进混合所有制契约的履行和治理效率，弥补混合所有制正式契约的不足，基于重复博弈产生的混合所有制关系契约治理以及声誉机制、诚信机制等混合所有制自我履约机制可以为混合所有制正式契约的关系维护和有效履约提供有效的补充和履约激励，有利于解决混合所有制契约履行中产生的单一所有制制度路径依赖问题。根据本章的相关研究，可以得到以下一般性结论。

（1）国有企业政企不分下的国有企业领导者激励扭曲和私有企业机会主义倾向的制度天性决定了混合所有制契约履行存在单一所有制的低效率路径依赖性，由此会产生混合所有制契约履行的低效率问题。一次博弈下的混合所有制契约关系不可避免地会产生"敲竹杠"和机会主义问题，混合所有制的正式契约表现出其履约局限性。

（2）基于重复博弈产生的关系契约治理，可以使得"敲竹杠"、机会主义问题并不会像一次博弈那么严重,通过关系契约的治理结构和自动履约机制,可以降低混合所有制契约履行的效率损失。混合所有制关系契约履约需要满足不履约收益必须小于因不履约而遭受长期损失的激励相容约束,而激励相容约束的影响因素是贴现率水平,混合所有制关系契约治理和自动履约的实现条件是混合所有制最优关系契约所需要的最小贴现率为 0.5。

(3) 贴现率 δ 满足 $\sigma \in [0.5, \delta^*]$ 时,可以实现混合所有制关系契约的有效治理,同时也是最优混合所有制关系契约治理结构的贴现率选择,低于或高于这个范围会导致治理不足或过度治理,都不利于混合所有制关系契约的治理和履约。

(4) 声誉机制作为关系契约的自我履约机制可以激励混合所有制自我履约的实现,但声誉机制的实施受到一定条件的限制,实现混合所有制履约的声誉机制有效性至少需要满足三个条件:第一,重复博弈条件下,声誉机制能够产生激励混合所有制履约的声誉租金,即 $\sum_{n=0}^{\infty} \frac{\pi_n}{(1+\sigma)^n} + K_i (i=S,P) - R_{i1}(i=S,P) > 0$;第二,声誉机制的有效实施需要有混合所有制正式契约的惩罚机制作为保障和反向激励,这也就要求混合所有制的正式契约必须明确混合所有制契约双方违约的惩罚条款;第三,混合所有制的声誉激励不能出现扭曲,无论是国有企业还是私有企业的声誉激励扭曲都不利于混合所有制契约履行的履约效率。

(5) 信任是企业把一次性博弈转化为重复博弈的有效机制,是声誉机制的载体,在重复博弈条件下,如果混合所有制发展的长期收益流大于短期不履约的机会主义收益,同时,契约双方背叛或欺诈行为发生时,契约双方能够用一定的惩罚机制惩罚背叛方,并且惩罚真实可信、切实可行,那么混合所有制的契约双方就能够建立混合所有制契约履行的长期信任机制,信任机制可以有效降低混合所有制发展的交易成本,为混合所有制契约履行提供非正式规则的履约制度保证。

第 7 章　完善与促进混合所有制契约关系发展的政策建议

通过以上各章关于中国国有企业发展混合所有制契约问题的提出与分析，本章主要针对中国国有企业发展混合所有制存在的契约问题，从混合环境、市场资源配置、治理体系、制度建设和政府监管体系五个方面提出完善与促进混合所有制契约关系发展的相关政策建议。

7.1　完善混合所有制契约关系发展的混合环境

中国国有企业发展混合所有制是当前国有企业改革的重要方向，中国国有企业发展混合所有制的同时也进入了深化发展的关键阶段。中国国有企业深化发展混合所有制首先需要具备良好的混合环境，只有形成混合所有制契约关系的共同发展理念，完善和加强中国国有企业发展混合所有制的顶层设计与贯彻执行，才能扫清国有企业发展混合所有制的外部环境障碍，提高混合所有制契约关系的发展进程。

7.1.1　完善混合所有制契约关系发展的理念共识

中国国有企业发展混合所有制不是国有企业的私有化问题，也不是国有企业侵蚀私有企业的"国进民退"问题，中国国有企业发展混合所有制的目的是通过混合所有制的制度形式，充分发挥国有企业与私有企业的比较优势，实现国有企业与私有企业的共同发展。国有企业、私有企业的混合所有制契约关系的缔结与履行，不仅是为了做强国有企业，也不仅是为了做强私有企业，更不是为了简单的单向搭便车而混合，这样的混合，既不符合国有企业发展混合所有制的目的，也不利于混合所有制契约关系的缔结与履行，更不利于混合所有制的长期发展，而短期混合的机会主义理性只会造成长期混合收益的损失，最终导致混合所有制失灵。中国国有企业发展混合所有制需要建立在国有企业与私有企业混合后双方共同实现帕累托改进的基础上，只有建立在这个基础上，国有企业与私有企业才能减少混合顾虑，提高混合所有制契约缔结和实现混合所有制契约履行效率的意愿。因此，国有企业与私有企业发展混合所有制都需要转变观念，树立混合所有制契约关系的共同发展理念。

第一，对于国有企业，尤其是国有企业领导者需要解放思想，深刻理解国有企业发展混合所有制的必要性和重要性，国有企业发展混合所有制是提高国有企业效率的内在要求，不是简单的做大国有企业规模，而是通过混合所有制使国有企业做优、做强，国有企业领导者要正确认识自身利益与国家利益，摒弃国有企业政企不分的官僚作风，积极发挥企业家精神，按照市场规律推进混合所有制的发展。

第二，对于私有企业，发展混合所有制是私有企业扩大企业边界、提升资源基础与竞争优势的重要发展机遇，私有企业需要转变追逐短期收益的机会主义发展观念，需要确立长期合作、诚实守信的混合所有制发展观念，通过混合所有制形式实现与国有企业的深入融合、共同发展，以实现提升私有企业业绩与社会福利的目的。

第三，国有企业与私有企业都需要转变发展观念，正确认识混合所有制的发展目的，树立混合所有制契约关系的共同发展理念，通过共同发展的理念共识，减少国有企业、私有企业在混合所有制契约关系的缔结与履约中的机会主义行为，破除混合所有制契约关系的"囚徒困境"，提高国有企业发展混合所有制的进程和效率。

7.1.2 完善混合所有制契约关系发展的顶层设计与执行

中国国有企业发展混合所有制既需要自下而上的实践探索，又需要自上而下的政策指导，在经历了国有企业发展混合所有制的实践探索阶段后，深化混合所有制发展需要加强顶层设计，由上而下地引导和促进混合所有制发展，并保持相关政策的执行力和连续性，以此消除国有企业与私有企业的混合顾虑。

第一，中国国有企业发展混合所有制需要明确国有企业的不同功能作用与不同分类，在分类的基础上，通过顶层设计以"负面清单"的形式确立国有企业发展混合所有制的范围，明确混合后的国有企业员工的身份转换形式和待遇政策，尤其是中央政府与地方政府之间需要针对不同层面、不同情况制定相应的具有一致性的混合所有制发展政策，引导国有企业积极发展混合所有制，消除国有企业发展混合所有制可能产生国有资产流失的政治顾虑与个人身份转换的职业发展顾虑。

第二，加强发展混合所有制的国有资产管理与运营的顶层设计。无论是国有企业或者国有独资企业，还是国有企业的下属企业，都应确立混合的程序与明确的资产评估制度，做到资产评估客观、交易透明、运作规范，消除私有企业担忧背上侵蚀国有资产罪名的政治顾虑，同时加强相关政策的有效执行，避免出现"非公36条"和"新非工36条"等政策落实时出现的"玻璃门""旋转门""弹簧门"问题，在混合所有制顶层设计政策连续性的基础上，有效执行相关混合政策，实现混合所有制相关政策执行的稳定预期，消除私有企业的混合顾虑和观望、等待态度，积极促进私有企业发展混合所有制的混合积极性。

7.2 完善混合所有制契约关系缔结的市场资源配置

中国国有企业发展混合所有制的核心是通过混合所有制推进国有企业的

市场化改革，这就要求国有企业发展混合所有制必须坚持市场对资源配置的决定性作用，只有将市场配置资源贯穿于混合所有制契约关系缔结与履约的整个发展过程，才能有效提高混合所有制契约关系的发展效率，实现混合所有制的发展目的。

7.2.1 完善混合所有制契约关系发展的混合边界

中央政府与地方政府需要为国有企业、私有企业发展混合所有制提供适度宽松的混合环境，破除混合壁垒与地方保护主义，降低国有企业、私有企业混合的交易成本，提升国有企业、私有企业发展混合所有制的主动性。各级主管部门应优化混合流程，减少混合审批程序，通过简政放权破除国有企业发展混合所有制的行政壁垒。中央政府和各级地方政府应通过政企分开，完善政府考核指标，打破地方保护主义，促进混合资源的有效流动，按照中共中央、国务院出台的《关于深化国有企业改革的指导意见》的分类指导和"非禁即入"原则，破除私有企业发展混合所有制的混合进入壁垒，使私有企业可以进入行政垄断性行业和国有优势领域，国有企业也需要根据市场发展需要引入各层次的混合对象，在能够实现共同发展的基本条件下，充分发挥市场配置资源的决定作用，破除混合壁垒，积极扩大混合边界，提高混合所有制发展的契约缔结进程，促进国有企业效率改进。

7.2.2 完善混合所有制契约关系缔结的对象选择

中国国有企业发展混合所有制是国有企业效率提升的内在要求，国有企业需要按照市场要求选择合适的混合对象进行契约缔结。

第一，各级政府和国有企业主管部门应减少对国有企业混合对象的行政干预，杜绝"拉郎配"的计划经济选择模式，增加国有企业混合对象选择的自主权，国有企业根据自身发展的市场需要，可以通过纵向一体化、横向一体化、兼并、重组及出资新建等多种形式选择混合所有制契约关系缔结的对象，减少国有企业混合对象选择的被动逆向选择。

第二，中国国有企业在混合对象市场化选择时应坚持发展的互补性原则，无论是盈利的国有企业还是亏损的国有企业，都应以私有企业的运营管理效率作为混合对象选择的前提，业务关联是混合的重点考虑因素，不能为了混合而混合，坚持合作、包容、共赢的混合态度，把握混合时机，选择最适合国有企业发展要求的私有企业，实现国有企业资源优势和私有企业制度优势的有效结合。

第三，中国国有企业在选择混合对象时需要利用多渠道获取混合对象的发展历程、股权结构、管理绩效、团队建设、市场业绩、行业口碑、技术水平及企业文化等信息，尤其对于管理绩效、企业文化等软环境信息需要重点考察，获得的相关信息都要进行科学分析和评估，坚持把选企业作为国有企业发展混合所有制混合对象选择的优先考虑因素，减少混合信息不对称性带来的混合对象逆向选择问题。

第四，在强混合支付大于弱混合支付的混合硬约束条件下，国有企业在混合对象选择时可采取不同的搜寻策略。经营情况差的国有企业在考虑搜寻成本的前提下应采取谨慎的搜寻策略，而经营较好的国有企业的最优搜寻策略选择是不搜寻策略，次优策略是搜寻策略，策略选择可根据国有企业混合进程需要及私有企业的混合积极性而定，同时经营得好的国有企业可适当增加搜寻次数，以确定最合适的混合对象。

7.2.3 完善混合所有制契约关系缔结的契约激励约束

中国国有企业发展混合所有制既具有经济目标，又具有社会目标，国有企业与私有企业具有天然的发展目标不一致性，这就需要通过完善混合所有制契约的激励约束设计，调动国有企业与私有企业发展混合所有制的能动性，实现国有企业与私有企业发展混合所有制的目标融合。

第一，深入推进政企分开，实现混合所有制契约激励设计的市场谈判解。政府作为国有企业的委托人主体，具有目标的多重性，致使国有企业过多承担社会责任，政企不分主导的混合所有制激励约束难免会产生激励不足或偏颇，不利于国有企业发展混合所有制的经济目标实现。这就需要将政府与国有企业的社会职能分开，政府对国有企业的所有权与经营权需要分开，政府的国有资产所有者职能与行政职能要分开，使国有企业成为真正的市场主体，通过混合所有制激励契约的市场谈判解实现国有企业发展混合所有制的经济目标激励。

第二，降低国有股权的持股比例，增加私有企业的实际话语权。"一股独大"的国有持股形式不仅不能激发私有企业制度优势的有效发挥，还会造成私有企业搭便车的行为，混合所有制的国有企业本质没有发生变化。除关系国家安全和重大民生领域的国有企业外，根据实际适当降低国有企业绝对控股比例，增加私有企业的混合所有制持股比例，通过股权比例的市场谈判解实现混合所有制股权配置，完善国有企业混合所有制发展的监督权力，增加私有企业的混合所有制实际运营权力。

第三，建立混合所有制持股比例的激励补偿机制。国有企业发展混合所有制应根据实现混合所有制双重目标的实际要求设计出国有企业与私有企业的最优持股比例，如果私有持股比例高于最优持股比例，则需要在私有企业混合所有制专用性物质资产的价格补偿的基础上再给予一个持股比例与盈利分层比例差的激励补偿，如果持股比例低于最优持股比例，则可以按照最优契约设计的盈利分层比例给予激励，多出持股比例的所得可作为混合所有制效率贡献的激励补偿。

第四，建立混合所有制社会目标的外部激励约束机制。国有企业发展混合所有制除追求经济目标外，还需要承担一定的社会目标，各级政府应通过税收优惠、贴息贷款等政策给予混合所有制实现社会目标的外部激励，同时，对于混合所有制恶意竞争、破坏社会产品提供等行为，应给予外部约束与惩罚。

7.3 完善混合所有制契约关系履行的治理体系

中国国有企业发展混合所有制贯穿国有企业与私有企业的混合所有制契约关系发展的过程，混合所有制契约关系的履行与治理对于混合所有制的发展成败具有重要影响，而发展和完善混合所有制契约关系的公司治理结构、关系治理与外部治理的现代治理体系就尤为必要，为此，需要降低混合所有制的资产投入专用性和交易成本，提高混合所有制剩余权利的激励配置，完善混合所有制的声誉机制和诚信机制，促进混合所有制公司治理与关系治理现代化，加强和完善混合所有制契约关系发展的外部治理，通过公司治理、关系治理、外部治理构建和完善混合所有制契约关系发展的治理体系，提高混合所有制契约关系的履行效率。

7.3.1 完善混合所有制契约关系履行的公司治理

第一，降低资产专用性，减少混合所有制契约关系的"敲竹杠"行为。国有企业与私有企业发展混合所有制的物质资产与非物质资产投入普遍具有资产专用性，资产专用性的存在会导致混合所有制契约关系的"敲竹杠"或机会主义行为。为此，需要完善现代市场体系，加强竞争性市场建设，坚持市场配置资源的决定性作用，破除市场进入与退出壁垒，加快形成自由流动的市场竞争环境；完善和繁荣二手或租赁市场，建立资产转移与流动的有效机制，扩大资产流动，降低国有企业与私有企业发展混合所有制投入资产的专用性程度，降低可占用的资产专用性准租；国有企业相对于私有企业，一般具有更大的规模，应尽可能降低国有企业的混合所有制资产专用性承担比重，避免私有企业偷懒式"敲竹杠"造成国有资产流失或私有化问题，同时，完善和建立混合所有制契约关系履行的独立董事制度与惩罚约束机制，避免国有企业威胁式"敲竹杠"行为产生的国有企业性质不变的混合所有制发展的问题。

第二，降低沉淀成本，提高混合所有制资产专用性投入效率。混合所有制资产专用性的沉淀成本大小影响混合所有制资产专用性投入决策，如果契约一方的混合所有制资产专用性投入具有沉淀成本，或沉淀成本过大，没有沉淀成本或沉淀成本较小的一方会利用混合所有制契约的不完全性而采取"敲竹杠"行为，损害资产专用性投入一方的利益，混合所有制资产专用性投入出现效率损失。由于国有企业发展历史较长，体制机制又具有特殊性，多年形成的沉淀成本也较大，为此，各级政府需要发展和完善国有企业的降低沉淀成本数量的相关外部政策，有效降低和补贴国有企业沉淀成本数量，使国有企业能够强装上阵，提高国有企业混合所有制资产专用性投入的有效决策与投入效率。

第三，降低交易成本，提高混合所有制契约关系的治理水平。混合所有制契约关系的履行涉及国有企业与私有企业双方人力、物力、财力等物质资产专用性的投入与整合，以及企业文化、企业制度等非物质资产专用性的投入与整合，这样会就不可避免地产生大量沟通、协调、整合、监督等交易成本，这些交易成本有些是显性的，有些是隐性的，但都会影响和扭曲混合所有制契约关系的治理水平与效率。为此，需要加强法制建设，尽快出台专门针对混合所有制的法律法规，完善《企业国资法》《公司法》《物权法》等相关法律制度。完善产权制度与混合所有制内部的人事、财务、管理等相关制度建设，加强股东大会、董事会、监事会的"新三会"与党委会、职代会、工会的"老三会"建设，构建相互制衡与监督的稳定治理结构，通过有效的制度降低混合所有制契约关系发展中的交易成本，提高混合所有制契约关系的治理水平与治理效率。

第四，完善混合所有制契约关系履行的剩余权利激励配置。混合所有制激励契约缔结后，由于契约的不完全性和基于"敲竹杠"行为的机会主义倾向预期，契约双方都具有减少混合所有制资产专用性投入的可能性，混合所有制剩余权利作为一种隐性激励，有利于促进契约双方的混合所有制资产专用性投入和有效合作，但是，如果混合所有制剩余权利仅较多地赋予国有企业或者赋予私有企业的任意一方，都将不利于另一方的混合所有制的资产专用性投入激励，为此，应不断完善混合所有制剩余权利的激励配置，坚持以遵循帕累托改进的市场谈判解来合理配置混合所有制剩余权利，避免行政干预下的混合所有制剩余权利错配；加强混合所有制董事会的独立董事与监事会建设，严格监督混合所有制剩余权利控制与索取的机会主义行为，避免产生剩余权利争夺的混合所有制发展效率损失。

7.3.2 完善混合所有制契约关系履行的关系治理

中国国有企业发展混合所有制除基于法律形式的正式契约保证契约关系履行外，还需要发展和完善混合所有制关系治理体系，以基于自我履约机制的关系治理作为混合所有制契约关系履行的有利补充，促进混合所有制契约关系的履行效率。

第一，发展和完善混合所有制契约关系履行的声誉激励机制。国有企业政企不分下的国有企业领导者激励扭曲和私有企业机会主义倾向的制度天性决定了混合所有制的契约履行存在单一所有制低效率的路径依赖性，一次性博弈下的混合所有制契约关系会不可避免地产生"敲竹杠"和机会主义问题，并由此产生混合所有制契约履行的低效率问题。为此，需要发展和完善混合所有制契约关系履行的声誉机制，建立和完善国有企业发展混合所有制的长远预期，降低国有企业与私有企业发展混合所有制的一次性博弈风险；提高和完善混合所有制契约关系发展的贴现率预期水平，促进混合所有制关系契约治理和自动履约机制的实现；完善和培育充分竞争的混合所有制转制市场，提高国有企业与私有企业的声誉质量；完善和培育职业经理人市场，激励和提高国有企业领导者与私有企业家的企业家精神和市场声誉；推进政企分开，提高国有企业领导者发展混合所有制的长期任职预期，避免国有企业领导者的声誉激励扭曲；加强私有企业的政治意识和长远发展意识，降低私有企业的短期机会主义逐利行为，避免私有企业的声誉激励扭曲。

第二，发展和完善混合所有制契约关系履行的信任机制。信任是企业把一次性博弈转化为重复博弈的有效机制，是声誉机制的载体，在重复博弈条件下，如果混合所有制发展的长期收益流大于短期不履约的机会主义收益，同时，契约双方背叛或欺诈行为发生时，契约双方能够用一定的惩罚机制惩罚背叛方，并且惩罚真实可信、切实可行，那么混合所有制契约双方就能够建立混合所有制契约履行的长期信任机制，信任机制可以有效降低混合所有制发展的交易成本，为混合所有制契约履行提供非正式规则的履约制度保证。为此，需要发展和完善混合所有制契约关系履行的信任机制，树立混合所有制契约关系发展的信任理念，增加混合所有制长效发展的政策和收益预期，建立和完善混合所有制的惩罚约束机制，加强国有企业与私有企业的沟通与协商，提高混合所有制契约关系发展的信息透明度。

7.3.3 完善混合所有制契约关系履行的外部治理

中国国有企业发展混合所有制除需要完善公司的治理结构与关系治理外，还应完善国有企业发展混合所有制的外部治理，实现外部治理对混合所有制契约关系发展的公司治理与关系治理的促进和补充。为此，应大力推进股东代表、董事及职业经理人的竞争性外部市场；完善和健全促进混合所有制契约关系发展的资本市场、产品市场和信贷市场建设，积极引进和发挥银行、储蓄机构、保险公司、共同基金、养老基金、投资公司及信托公司等机构投资者的外部治理；建立和完善促进混合所有制契约关系发展的社会伦理、道德和文化环境约束。

7.4 完善混合所有制契约关系发展的制度安排

中国国有企业发展混合所有制应完善混合所有制契约关系发展的制度安排，以制度建设降低混合所有制契约关系发展的交易成本，通过完善产权制度、现代企业制度及信息披露制度，促进混合所有制契约关系的缔结与履行，提高国有企业发展混合所有制的发展效率。

7.4.1 完善混合所有制契约关系发展的产权制度

产权制度是市场交易的基础，也是国有企业发展混合所有制的制度基础。国有企业发展混合所有制需要建立在完善的产权制度的基础上，从而实现国有企业、私有企业的混合所有制契约关系的缔结与履行。

第一，完善国有企业发展混合所有制的公有产权制度与私有产权制度。

国有企业发展混合所有制需要完善和健全"归属清晰、权责明确、保护严格、流转顺畅"的现代产权制度，提高产权意识，树立正确的产权观念；健全公有产权制度，完善混合所有制发展的国有资产交易方式，严格规范国有资产登记、转让、清算和退出等程序和交易行为，以制度化促进国有产权保护，防止混合所有制契约关系的缔结与履行中内部人任意支配国有资产的行为，防止国有资产流失；坚持公平的市场原则，依法行政，健全私有产权制度，保护私有产权的合法权益，做到私有产权不可侵犯，以完善的国有产权制度与私有产权制度，共同促进混合所有制的契约关系发展。

第二，加强法制建设，完善法律法规的制定与执行。国有企业发展混合所有制需要在现有产权制度的基础上，进一步加强法制建设，健全《企业国资法》《物权法》等相关法律法规；认真学习和落实《中共中央国务院关于完善产权保护制度依法保护产权的意见》，国有企业发展混合所有制需要以《中共中央国务院关于完善产权保护制度依法保护产权的意见》为产权制度建设的指导纲领，积极贯彻和执行公有制经济财产权不可侵犯，非公有制经济财产权同样不可侵犯的产权平等保护原则，积极贯彻和执行不断完善社会主义市场经济法律制度，强化法律实施，坚持有法可依、有法必依的产权依法保护原则；国有企业发展混合所有制需要完善产权保护的立法、执法、司法等各个环节，完善和加强产权制度的法律保护和执行，推进产权保护的法治化进程。

7.4.2 完善混合所有制契约关系发展的现代企业制度

中国国有企业发展混合所有制需要建立和完善混合所有制的现代企业制度与法人治理结构，降低混合所有制契约关系履行的交易成本，减少混合所有制契约关系履行的机会主义行为，提高混合所有制契约关系的履行效率。

第一，进一步建立和完善混合所有制的现代企业制度。国有企业发展混合所有制应建立和完善产权清晰、股权明确、政企分开、管理科学的现代企业制度，减少混合所有制现代企业制度的形式化与表面化，增加现代企业制度的实质内容和治理落实，建立适合混合所有制发展的多样化现代企业制度，推进不同类型混合所有制的健康发展。加快产权制度的改革和创新,建立和健全流转顺畅、规范有序、公平公正公开的产权市场,促进资本流动、资本重组,推动混合所有制企业建立适应市场经济发展的现代企业制度。

第二,进一步建立和完善混合所有制的法人治理结构。建立和完善混合所有制董事长由股东大会选举、总经理由董事长任命、重大决策实行董事会投票制等现代企业制度和法人治理结构;重点是推进混合所有制董事会建设,建立健全权责对等、运转协调、有效制衡的决策执行监督机制,充分发挥混合所有制董事会的决策作用、监事会的监督作用、经理层的经营管理作用、党组织的政治核心作用,切实解决混合所有制董事会形同虚设、国有企业一股独大的决策垄断,私有企业"话语权"不足的问题,规范国有企业发展混合所有制的法人治理结构。进一步建立和完善混合所有制的董事会制度,增加混合所有制董事会中独立董事、外部董事、专业委员会在董事会的比重和决策权比例,落实一人一票表决制度,加强混合所有制董事会内部的制衡约束;改进董事会和独立董事评价办法,增强独立董事对董事会决议的责任意识,强化对独立董事的考核评价和管理,对重大决策失误负有直接责任的要及时调整或解聘,并依法追究责任;进一步加强混合所有制独立董事队伍建设,拓宽独立董事来源渠道。

7.4.3 完善混合所有制契约关系发展的信息披露制度

中国国有企业发展混合所有制应加强和完善信息披露制度,透明、公开的信息披露有助于消除国有企业与私有企业的混合顾虑与合作猜疑,更有助于建立混合所有制契约关系履行的声誉机制与信任机制,提高混合所有制契约关系的发展效率。

第一,建立强制性信息披露制度,加强信息监管,避免混合所有制契约关系的缔结中出现逆向选择。积极推动混合所有制企业建立和发展的强制性信息披露制度,降低混合各方信息不对称的风险,增强资本市场的配置效率,通过强制性信息披露制度,加强信息监管,消除混合疑虑,防止混合欺诈,保障混合所有制契约关系的有效缔结。

第二，健全会计信息披露准则体系，完善信息披露制度，促进混合所有制契约关系履行的关系治理。制定科学、配套的混合所有制财务信息披露规范体系，完善和健全混合所有制会计准则、会计信息披露制度、审计制度及其他相关经济法规。完善混合所有制的信息披露，加强透明、公开的信息交流与共享，建立混合所有制契约关系信任机制的信息披露基础，通过完善的混合所有制信息公开与披露促进声誉机制的建立和维护，提高混合所有制契约关系发展的关系治理效率。

第三，加强混合所有制契约关系发展中违规信息披露的处罚力度，完善混合所有制信用体系。提高混合所有制契约关系发展中违规信息披露的查处范围和处罚力度，综合运用法律、行政及舆论等方式提高混合所有制契约各方的失信成本，加强违规处罚的坚决性，提高混合所有制信息披露质量；加强对混合所有制契约关系缔结与履行的巡回检查和专项核查，督促混合所有制契约双方切实履行诚信责任；利用新技术、新方法健全国有企业与私有企业的诚信评级与公告制度，完善混合所有制契约关系发展的信用体系建设，建立健全企业和高管的信用记录，提高违规成本，严厉处罚混合所有制契约关系发展中存在失信、违规及违约行为的相关责任人。

7.5 完善混合所有制契约关系发展的政府监管体系

中国国有企业发展混合所有制的目的是通过混合所有制的制度优势提高国有企业发展的效率，促进国有企业与私有企业共同发展，但是，混合所有制并不是完全的，也存在失灵风险，因此，发展混合所有制既要发挥制度优势，又要防范失灵风险，既要发挥市场在资源配置中的决定性作用，又要发挥政府监管的基础性作用。

7.5.1 完善混合所有制契约关系发展的法律监管体系

中国国有企业发展混合所有制需要政府监管以降低失灵风险，但政府对混合所有制的监管需要建立在相关法律法规的基础上，政府监管需要做到有法可依、执法必严、违法必究。

第一，政府需要提供健全的法律环境，确立混合所有制企业的法律地位，保护混合所有制各方的合法收益，完善和健全《公司法》《企业国有资产法》《物权法》等相关法律法规，降低混合所有制契约关系发展过程中的交易成本。

第二，加强和完善促进政府监管混合所有制发展的相关立法，实现政府对国有企业发展混合所有制的全流程监管，使混合所有制企业的建立、组织、经营、分配、转让、退出和清算等活动纳入法治轨道，实现政府对混合所有制契约关系缔结、履行的各个环节的监管覆盖；完善私人财产保护和监管的相关立法，明确产权主体对私人财产的责、权、利，保障私有财产不受侵害，同时对于私人财产产权主体的违法违规行为，政府监管也需要做到有法可依，执法必严。

第三，混合所有制监管机构需要是独立的外部机构，应加强和完善混合所有制监管机构的纪律检查与法律约束，健全混合所有制监管机构监管条例与立法，避免混合所有制管制的"合谋"，防止管制俘获和寻租行为。

7.5.2　完善混合所有制契约关系发展的分类监管体系

中国国有企业发展混合所有制的混合所有制主体契约关系虽然主要是国有企业和私有企业，但契约关系的表现形式却具有多样性，比如国有绝对控股、国有相对控股及国有参股等形式，不同形式的监管侧重各不相同，这就要求政府对混合所有制企业进行分类监管，针对不同契约关系的表现形式，建立和完善混合所有制分类监管体系，促进混合所有制的健康发展。

第一，对于混合所有制国有绝对控股形式的契约关系，混合所有制监管机构应着重对混合所有制的国有资本进行监管，加强对国有绝对控股混合所有制企业重大投资业务的监管和考核，加强对混合所有制国有资产的增值考核，加强对混合所有制国有资产代理人的监管与激励。

第二，对于混合所有制国有相对控股形式的契约关系，混合所有制监管机构应着重加强对混合所有制契约关系缔结与履行的外部监管，加强对混合所有制契约关系的缔结与履行中存在的暗箱操作、机会主义等违法、违规、违约行为的监管与惩罚，加强对混合所有制契约关系履行中控制权侵占行为的监管，防止发生"国进民退"或"国退民进"现象。

第三，对于混合所有制国有参股形式的契约关系，混合所有制监管机构应着重加强对混合所有制企业国有资产保值、增值及社会产品提供的监管。加强对混合所有制企业社会目标实现的监督与约束，加强和完善国有参股形式混合所有制企业的国有资本收益、财务信息披露、信用记录公开、信用评级及企业社会责任等方面的监管体系建设。

7.5.3 完善混合所有制契约关系发展的多层监管体系

中国国有企业发展混合所有制应在微观、中观、宏观等三个不同层面完善混合所有制监管调控体系，促进混合所有制契约关系的快速、健康发展。

第一，完善混合所有制契约关系发展的微观市场监管。加强对妨碍混合所有制发展的竞争性市场建立和对影响公平市场竞争环境的各类规定、做法的废除与清理，加大反垄断与对不正当竞争行为的管制力度，破除条块分割和地方保护主义，完善竞争性市场，降低混合所有制资产投入的专用性程度，促进各类资本的有效流动，减少混合所有制契约关系缔结与履行的进入壁垒和退出壁垒，建立和完善混合所有制产权交易和股权转让的评估程序，降低交易成本，防止国有企业与私有企业混合合谋产生的国有资产流失。

第二，完善混合所有制契约关系发展的中观产业布局。国有企业发展混合所有制需要在中观层面上加快国有经济布局和结构调整，积极推动国有企业发展混合所有制的国有产权流动、生产要素再组合与国有资源重新配置，积极拓宽混合所有制的混合边界，鼓励和引导民间资本进入市政公用事业、社会事业、金融服务业及基础设施建设等领域，加快能源、电力、交通、通信等垄断性行业的混合所有制发展进程，拓宽国有企业发展混合所有制的产业空间。

第三，完善混合所有制契约关系发展的宏观经济调控。国有企业发展混合所有制需要在宏观层面健全调控体系，消除因根本不确定性引起的经济波动，防止混合所有制的发展失灵。为此，应完善促进混合所有制契约关系发展的财税优惠政策，减少混合所有制发展的沉淀投资数量；建立稳定、有序的货币供给与信贷市场，降低混合所有制发展的交易成本；积极推进自由贸易区和国际投资范围，促进各类资产的国内外市场流动，降低制度性资产专用性，创造促进国有企业发展混合所有制的良好外部环境。

7.6 小　结

本章主要在以上各章对中国国有企业发展混合所有制存在的契约问题以及通过对中国国有企业发展混合所有制的契约缔结、契约再谈判、契约履行的理论分析的基础上，从混合所有制契约关系发展的混合环境、混合所有制契约关系缔结的市场资源配置、混合所有制契约关系履行的治理体系、混合所有制契约关系发展的制度安排和混合所有制契约关系发展的政府监管体系五个方面提出完善和促进混合所有制契约关系发展的政策建议。总体来说，完善和发展混合所有制契约关系，需要树立混合所有制契约关系发展的理念共识，加强国有企业发展混合所有制的顶层设计，加强相关政策的执行程度，扩大混合所有制契约关系缔结的混合边界，坚持和完善混合所有制契约关系缔结对象的选择与股权激励的市场资源配置，不断完善和提高混合所有制契约关系履行的公司治理、关系治理、外部治理能力现代化，加强混合所有制契约关系发展的产权制度建设、现代企业制度建设及信息披露制度建设，完善混合所有制契约关系发展的法律监管体系、分类监管体系及分层监管体系，通过以上各方面共同促进中国国有企业混合所有制的健康发展。

第 8 章 研究结论与展望

本章主要对全书的研究进行结论总结，并对中国国有企业发展混合所有制的契约问题研究提出进一步的研究展望。

8.1 研究结论

本书主要研究中国国有企业发展混合所有制的契约问题，通过全书研究，在理论与现实两个方面主要得出以下结论。

理论方面，本书通过完全契约理论、不完全契约理论和关系契约理论，对中国国有企业发展混合所有制的契约问题进行研究，实现了契约理论新的综合与运用，形成了基于混合所有制契约关系问题研究的契约理论统一分析框架。主流契约理论主要由完全契约理论与不完全契约理论构成，完全契约理论主要包括委托代理与激励理论，而不完全契约理论是在对完全契约理论假设条件放松与批判中发展起来的，主要包括交易成本理论与新产权理论。通过契约理论研究的混合所有制契约问题可以发现，契约关系的发展是契约关系缔结的信息搜寻与激励契约设计以及契约关系履行的契约调整与治理的动态过程，契约关系发展的每一个阶段对契约关系整体的发展都会产生重要影响，并不是静态的独立发展阶段，按照契约关系发展的演进过程，本书运用完全契约理论，主要讨论契约缔结前基于信息不对称的契约对象选择与契约设计问题，偏重于机制设计理论；运用不完全契约理论，主要讨论初始契约不完全的激励设计及契约履行与治理问题；运用关系契约理论，主要讨论契约关系履行的自我履约机制设计问题。因此，对于混合所有制契约关系问题的理论分析，不能简单地把契约理论的各个理论分支理解为替代关系或排斥关系，而需要依据契约关系发展中存在的不同问题和不同发展阶段给予不同的理论分析。本书通过对中国国有企业发展混合所有制的契约问题分析，综合运用完全契约理论、不完全契约理论及关系契约理论，构建了契约理论新的综合分析框架，实现了契约理论的融合运用。

现实方面，本书通过对中国国有企业发展混合所有制存在的契约问题及问题成因的分析，提出了完善和促进混合所有制契约关系发展的政策建议，为中国国有企业深化发展混合所有制、加快中国国有企业发展混合所有制的契约缔结进程、提高中国国有企业发展混合所有制的契约履行效率，以及减少中国国有企业发展混合所有制的契约问题障碍，提供了实践视角与实践依据。中国共产党第十八届三中全会提出了中国国有企业发展混合所有制的国有企业革新方向，回顾中国国有企业发展混合所有制的历程，大致经历了萌芽（1980—1993年）、实践探索（1993—2013年）和深化发展（2013年至今）三个发展阶段。中国国有企业发展混合所有制的历程表明，中国国有企业的混合所有制改革取得了阶段性成绩，但仍然存在诸多制约和影响混合所有制契约关系发展的客观问题。本书从中国国有企业发展混合所有制的契约关系演进角度，梳理和提出中国国有企业发展混合所有制存在的混合顾虑、逆向选择、混合目标冲突、资产专用性投入不足与搭便车、"敲竹杠"与控制权争夺，以及单一所有制的低效率路径依赖等契约关系发展问题，并综合运用完全契约理论、不完全契约理论和关系契约理论，对于中国有企业发展混合所有制的契约问题进行理论分析，最后从混合所有制契约关系发展的混合环境、混合所有制契约关系缔结的市场资源配置、混合所有制契约关系履行的治理体系、混合所有制契约关系发展的制度安排，以及混合所有制契约关系发展的政府监管体系五个方面提出了完善和发展混合所有制契约关系的政策建议。总体来说，中国国有企业发展混合所有制应不断完善和发展混合所有制契约关系，树立混合所有制契约关系发展的理念共识，加强国有企业发展混合所有制的顶层设计，加强相关政策的执行程度，扩大混合所有制契约关系缔结的混合边界，坚持和完善混合所有制契约关系的缔结对象选择与股权激励的市场资源配置，不断完善和提高混合所有制契约关系履行的公司治理、关系治理及外部治理能力现代化，加强混合所有制契约关系发展的产权制度建设、现代企业制度建设和信息披露制度建设，完善混合所有制契约关系发展的法律监管体系、分类监管体系及分层监管体系，通过以上各方面共同促进中国国有企业的混合所有制深化与健康发展。

8.2 展　望

中国国有企业发展混合所有制已然进入深化发展阶段，研究和探索中国国有企业发展混合所有制的契约问题对于促进中国国有企业的混合所有制深化改革既具有理论意义又具有现实意义。本书的研究仅对混合所有制契约关系发展的主体契约关系，即国有企业与私有企业的混合所有制契约关系的缔结与履行中存在的问题进行了研究，然而，中国国有企业发展混合所有制的契约问题不仅局限于混合所有制的主体契约关系发展中，基于混合所有制的其他利益相关者也存在一定的混合所有制契约关系发展问题，比如，混合所有制企业与上下游合作伙伴的契约关系问题、混合所有制战略投资者与经营者的契约关系发展问题，机构投资者与混合所有制企业的契约关系问题、混合所有制员工持股的契约关系发展问题，等等，这些问题同样会影响和制约中国国有企业的混合所有制发展的效率。因此，基于混合所有制其他利益相关者的混合所有制契约关系发展问题是本研究的后续研究方向与研究重点。

参考文献

1. 英文参考文献

[1] Barker. The Conflict of Ideologies [J]. International Affairs, Royal Institute of International Affairs 1931—1939, 1937, 16(3):344.

[2] Baker G, Gibbons R, Murphy K J. Relational contracts and the theory of the firms [J]. The Quarterly of Economics, 2002, 1:39-83.

[3] Benjamin Klein. Transaction Cost Determinants of "Unfair" Contractual Arrangements [J]. American Economic Review, 1980, 70(2):356-362.

[4] Benjamin Klein. Fisher-General Motors and the nature of the Firm [J]. Journal of the Law and Economics, 2000, 43(1):105-141.

[5] B Klein, R Crawford, A Alchian. Vertical Integration, Appropriable Rents and the Competitive Contracting Process [J]. Journal of Law and Economics, 1978, 21:297-326.

[6] Fama E. Agency Problems and the Theory of the Firm [J]. Journal of Political Economy, 1980, 88(2):288-307.

[7] G Akerlof. The Market for Lemons: Quality Uncertainty and Market Mechanism [J]. Quarterly Journal of Economics, 1970, 84(3):488-509.

[8] G S Liu, W T Woo. How will ownership in China's industrial sector evolve with WTO accession? [J]. China Economic Review, 2001, 12(2):137-161.

[9] Hanse R. Fiscal policy and business cycles [M]. New York: W. W. Norton Company, 1941.

[10] Holmstrom B, Milgrom P. Multitask Principal-Agent Analyses: Incentive Contracts, Asset Ownership, and Job Design [J]. Journal of Law Economics & Organization, 1991, 7:24-52.

[11] H Beladi, C C Chao. Mixed Ownership, Unemployment, and Welfare for a Developing Economy [J]. Review of Development Economics, 2006, 10(4):604-611.

[12] J Bennett, J Maw. Privatization, partial state ownership, and competition [J]. Journal of Comparative Economics, 2003, 31(31):58-74.

[13] Klein B, K B Leffler. The role of market forces in assuring contractual performance [J]. Journal of Political Economy, 1981, 89(4):615-641.

[14] Kreps D P, Milgrom J, Roberts, R Wilson. Rational Cooperation in the Finitely Repeated Prisoners Dilemma [J]. Journal of Economic Theory, 1982, 27:245-252.

[15] Kreps D. A course in Microeconomic Theory [M]. Princeton: Princeton University Press, 1990.

[16] Macneil I R. The Many Futures of Contracts [J]. Southern California Law Review, 1974, 47:691-816.

[17] Mattijs Backs, Mickael Carney, Gedajlovic Eric. Public, Private and Mixed Ownership Modes and the Performance of International Airlines [J]. Journal of Air Transport Management, 2002, 8(4):213-220.

[18] Oliver Hart, John Moore. Property Rights and Nature of the Firm [J]. Journal of Political Economy, 1990, 98(6):1119-1158.

[19] Oliver Hart. Firm, Contract and Financial Structure [M]. New York: Oxford University Press, 1995.

[20] Oliver Hart. Corporate Governance: Some theory and Implications [J]. Economic Journal, 1995, 105, (430):678-689.

[21] Oliver Hart, John Moore. Default and Renegotiation: A Dynamic Model of Debt [J]. Quarterly Journal of Economics, 1998(113):1-41.

[22] Oliver Hart. Incomplete Contracts and Public Ownership: Remarks, and an

Application to Public-Private Partnerships [Z]. working paper,2002.

[23] Oliver Hart. Hold-up, asset ownership and reference points [J]. The Quarterly Journal of Economics,2009,124(1):267-300.

[24] O Williamson. Markets and Hierarchies:analysis of antitrust implications [M]. New York:Free Press,1975.

[25] O Williamson. The Economic Institute of Capitalism [M]. New York:Free Press,1985:42.

[26] O Williamson. The Mechanism of Governance [M]. New York: Oxford Univ. Press,1996.

[27] O Williamson. The Theory of the Firm as Governance Structure:From Choice to Contract [J]. Journal of Economic Perspective,2002,16(3):171-195.

[28] Patrick Bajari, Steven Tadelis. Incentive Versus Transaction Cost[J]. Rand Journal of Economics,2001(32):387-407.

[29] P Peda, D Argento, G Grossi. Governance and Performance of a Mixed Public-Private Enterprise:An Assessment of a Company in the Estonian Water Sector [J]. Public Organization Review,2013,13(2):185-196.

[30] Ronald Coase. The Nature of the Firm [J]. Economica, 1937, (4): 386-405.

[31] Stewart Macaulay. Non-Contractual Relations in Business:A Preliminary Study [J]. American Sociological Review,1963,28:55-67.

[32] Shapiro C. Premiums for high quality products as returns to reputations [J]. The Quarterly Journal of Economics,1983,98(4):659-680.

[33] Shleifer A. State versus private ownership [J]. Journal of Economic Perspectives,1998,4:133-150.

[34] Sanford Grossman, Oliver Hart. The Costs and Benefits of Ownership:A Theory of Vertical and Lateral Integration [J]. Journal of Political Economy,1986,94:691-719.

[35] Stephen, Brooks. Mixed Ownership Corporation as an Instrument of Pub-

lic Policy [J]. Comparative Politics,1987,19(2):173-191.

[36] Tirole. Incomlete Contract: Where Do We Stand? [J]. Econometrica,1999,67(4):741-782.

[37] Zucker, Lynne G. Production of Trust: Institutional Sources of Economic Structure,1840-1920 [J]. Research in Organizational Behavior,1986(8):53-111.

2. 中文参考文献

[1]奥利弗·哈特,等. 不完全合同、产权和企业理论[M]. 费方域,蒋士成,译. 上海:格致出版社,上海三联书店,上海人民出版社,2001.

[2]埃里克·布鲁索,让·米歇尔·格拉尚. 契约经济学理论与应用[M]. 李国民,李胜兰,译. 北京:中国人民大学出版社,2011.

[3]伯娜. 关于混合所有制经济性质问题的观点述评[J]. 学术界,2010(5):208-288.

[4]伯娜. 改革开放以来混合所有制经济及其发展[J]. 特区经济,2007(7):272-273.

[5]白重恩,路江涌,陶志刚. 国有企业改制效果的实证研究[J]. 经济研究,2006(8):4-69.

[6]陈俊龙,汤吉军. 国有企业混合所有制改革的行为经济学分析[J]. 现代管理科学,2015(7):103-105.

[7]陈俊龙,汤吉军. 资产专用性与所有制结构分析-兼论我国混合所有制经济的发展[J]. 经济问题,2014(6):36-40.

[8]陈琼. 论国企混合所有制经济改革中的股权制衡[J]. 现代经济信息,2014(14):33-38.

[9]陈琳,唐杨柳. 混合所有制改革与国有企业政策性负担——基于早期国企产权改革大数据的实证研究[J]. 经济学家,2014(11):13-23.

[10]蔡继明. 从混合经济形成看两大经济思想体系融合[J]. 学术月刊,2015(1):62-75.

[11]曹瑄玮,席酉民,陈雪莲. 路径依赖研究综述[J]. 经济社会体制比较,2008

(3):185-191.

[12] 曹丽. 混合所有制研究——兼论社会主义市场经济的体制基础[M]. 广州:广东人民出版社,2004.

[13] 蔡岩兵. 新编信息经济学[M]. 北京:中国经济出版社,2014.

[14] 崔志强. 混合所有制条件下企业家激励问题研究[J]. 会计之友,2013(34):88-90.

[15] 戴文标. 论混合所有制形式的性质[J]. 浙江学刊,2001(4):45-48.

[16] 冯根福. 双重委托代理理论:上市公司治理的另一种分析框架[J]. 经济研究,2004(12):16-25.

[17] 范烁杰,何峰. 国有企业发展混合所有制经济综述[J]. 学理论,2014(8):84-85.

[18] 樊纲. 论体制转轨的动态过程——非国有部门的成长与国有部门的改革[J]. 经济研究,2000(1):11-21.

[19] 高朝辉. 国企混合所有制改革面临的困境与对策[J]. 经营管理者,2014(15):64.

[20] 黄群慧,于菁,王欣,邵婧婷. 新时期中国员工持股制度研究[J]. 中国工业经济,2014(7):5-16.

[21] 黄群慧. 新时期如何积极发展混合所有制经济[J]. 行政管理改革,2013(12):49-53.

[22] 黄速建. 中国国有企业混合所有制改革研究[J]. 经济管理,2014(7):1-10.

[23] 黄凯南,黄少安. 企业的性质:契约理论和演化理论的比较和融合[J]. 求索,2008(4):1-5.

[24] 黄玉杰. 关系契约视角下的联盟治理结构及其绩效研究[M]. 北京:经济管理出版社,2012.

[25] 郝云宏,汪茜. 混合所有制企业股权制衡机制研究-基于"鄂武商控制权之争"的案例解析[J]. 中国工业经济,2015(3):148-160.

[26] 蒋士成,费方域. 从事前效率问题到事后效率问题-不完全合同理论的几类经典模型比较[J]. 经济研究,2008(8):145-156.

[27]蒋皓.厉以宁:混合所有制的四大好处[J].西部大开发,2014(3):36-37.

[28]季丽新.混合所有制经济是公有制的一种实现形式[J].理论前沿,1998(1):26-26.

[29]季晓楠.企业绩效与制度选择[M].北京:社会科学文献出版社,2014.

[30]胡锋.国企改革中实施混合所有制探析[J].贵州社会科学,2014(10):110-113.

[31]剧锦文.国有企业推进混合所有制改革的缔约分析[J].天津社会科学,2016(1):91-96.

[32]蒋媛媛,李雪增.不完全契约理论的脉络发展研究[J].新疆师范大学学报(哲学社会科学版),2014(2):106-111.

[33]江振华.我国"混合经济"的模式选择-兼论国有企业"混合所有制"改革的基本思路[J].特区理论与实践,1999(2):34-37.

[34]景春梅.混合所有制经济在西方是怎么做的[J].中国中小企业,2015(5):73-77.

[35]凯恩斯.就业、利息与货币通论[M].徐毓枬,译.北京:商务印书馆,1983.

[36]拉斯·沃因,汉斯·韦坎德.契约经济学[M].李风圣,译.北京:经济科学出版社,2006.

[37]林毅夫,刘明兴,章奇.企业预算软约束的成因分析[J].江海学刊,2003(5):49-54.

[38]刘元春.国有企业的"效率悖论"及其深层次的解释[J].中国工业经济,2001(7):31-39.

[39]刘灿,韩文龙.国企改革的困境及出路:基于动态关系治理的新视角[J].当代经济研究,2014(2):33-39.

[40]刘新政.混合所有制-国有企业改革的战略取向[J].江西社会科学,1998(9):42-44.

[41]刘崇献.混合所有制的内涵及实施路径[J].中国流通经济,2014(7):52-58.

[42]刘烈龙.我国混合所有制的五种形式[J].中南财经大学学报,1995(2):1-7.

[43] 刘小玄. 中国工业企业的所有制结构对效率差异的影响——1995年全国工业企业普查数据的实证分析[J]. 经济研究, 2000(2):17-25.

[44] 刘小玄. 中国转轨经济中的产权结构和市场结构——产业绩效水平的决定因素[J]. 经济研究, 2003(1):21-29.

[45] 刘瑞明, 石磊. 国有企业的双重效率损失与经济增长[J]. 经济研究, 2010(1):127-137.

[46] 刘雨青, 傅帅雄. 混合所有制中的员工持股探索[J]. 中国流通经济, 2015(3):56-61.

[47] 厉以宁, 程志强. 中国道路与混合所有制经济[M]. 北京:商务印书馆, 2014.

[48] 连维良. 国有企业如何发展混合所有制经济[J]. 中国经贸导刊, 2015(28):14-15.

[49] 李跃平. 回归企业本质:国企混合所有制改革的路径选择[J]. 经济理论与经济管理, 2015(1):23-25.

[50] 李维安. 深化国企改革与发展混合所有制[J]. 南开管理评论, 2014(3):1-1.

[51] 李正图. 当前发展混合所有制的难点及对策[J]. 上海国资, 2004(4):21-22.

[52] 李保民. 产权多元化是发展混合所有制经济的重要途径[J]. 产权导刊, 2013(12):5-7.

[53] 卢俊. 推进混合所有制深化国有企业改革[J]. 宏观经济管理, 2014(9):18-24.

[54] 李东升, 杜恒波, 唐文龙. 国有企业混合所有制改革中的利益机制重构[J]. 经济学家, 2015:33-39.

[55] 李中义, 李月. 混合所有制经济的理论阐释与发展路径选择[J]. 财经问题研究, 2016(1):10-15.

[56] 倪吉祥. 关于我国混合所有制形式的现状、问题和建议[J]. 改革, 1993(3):40-45.

[57] 聂辉华. 新制度经济学中不完全契约理论的分歧与融合-以威廉姆森和哈

特为代表的两种进路[J].中国人民大学学报,2005(1):81-87.

[58]聂辉华.企业的本质:一个前沿综述[J].产业经济评论,2003(2):23-36.

[59]聂辉华.不完全契约理论的来龙去脉[J].中国社会科学报,2011(11):1-2.

[60]聂辉华.声誉、契约与组织[M].北京:中国人民大学出版社,2009.

[61]邱霞.混合所有制改革的路径分析[J].西部论坛,2015(2):33-39.

[62]秦斗豆.混合所有制是提高企业治理绩效的有效途径[J].中国市场,2014(3):82-88.

[63]邱江.对混合所有制民企存三大忧虑[N].贵州政协报,2014-3-4.

[64]钱凯.如何积极发展混合所有制经济的观点综述[J].经济研究参考,2014(48):42-53.

[65]孙慧,叶秀贤.不完全契约下PPP项目剩余控制权配置模型研究[J].系统工程学报,2013(2):227-233.

[66]孙元欣,于茂荐.关系契约理论研究述评[J].学术交流,2010(8):117-123.

[67]宋慧,朱纪忠,朱文武.基于契约分析的国有企业性质研究[J].财会通讯·综合(下),2009(9):132-145.

[68]萨缪尔森.经济学(上册,第10版)[M].高鸿业,译.北京:商务印书馆,1979.

[69]谭麟.国有企业混合所有制改革治理结构设计[J].人民论坛,2015(14):96-98.

[70]汤吉军.不完全契约视角下国有企业发展混合所有制分析[J].中国工业经济,2014(12):31-43.

[71]汤吉军.民营经济沉淀投资、可信性承诺与混合所有制发展[J].长白学刊,2016(1):78-83.

[72]汤吉军.市场失灵、国有企业与政府管制[J].理论学刊,2015(5):34-40.

[73]滕光进,杜文中.契约理论与企业本质的再思考[J].清华大学学报(哲学社会科学版),2000(6):45-50.

[74]唐克敏.混合所有制改革面临的主要难题与对策[J].经济问题,2015(6):

1-8.

[75] 卫兴华,何召鹏. 从理论和实践的结合上弄清和搞好混合所有制经济[J]. 经济理论与经济管理,2015(1):15-21.

[76] 吴爱存. 国有企业混合所有制改革的路径选择[J]. 当代经济管理,2014(10):37-39.

[77] 吴延兵. 国有企业双重效率损失研究[J]. 经济研究,2012(3):15-27.

[78] 王刚. 经济转型中的混合所有制形成与发展[J]. 贵州财经学院学报,2007(2):37-41.

[79] 韦伟,周耀东. 现代企业理论和产业组织理论[M]. 北京:人民出版社,2003.

[80] 汪良忠. 论混合所有制占主体的市场经济制度[J]. 财经研究,1993(7):3-8.

[81] 晓亮. 论大力发展混合所有制[J]. 经济学家,2004(2):36-40.

[82] 晓亮. 大有发展前景的一种所有制形式-混合所有制[J]. 中国党政干部论坛,1993(11):9-11.

[83] 徐传谌,闫俊伍. 国有企业委托代理问题研究[J]. 经济纵横,2011(1):92-95.

[84] 徐善长. 江浙混合所有制经济发展调查[J]. 宏观经济管理,2006(4):33-36.

[85] 肖庆文. 混合所有制企业数量、类型和行业分布[N]. 中国经济时报,2016-2-1.

[86] 杨瑞龙,聂辉华. 不完全契约理论:一个综述[J]. 经济研究,2006(2):104-114.

[87] 杨瑞龙. 国有企业股份制改造的理论思考[J]. 经济研究,1995(2):13-22.

[88] 杨瑞龙. 以混合经济为突破口推进国有企业改革[J]. 改革,2014(5):19-22.

[89] 杨瑞龙,杨其静. 企业理论:现代观点[M]. 北京:中国人民大学出版社,2005.

[90] 杨其静. 合同与企业理论前沿综述[J]. 经济研究,2002(1):80-88.

[91] 杨其静. 国企改革:在摸索与争论中前进[J]. 世界经济文汇,2008(1):55-63.

[92] 杨宏力. 不完全契约理论前沿进展[J]. 经济学动态,2012(1):96-103.

[93] 杨红英,童露. 国有企业混合所有制改革中的公司内部治理[J]. 技术经济与管理研究,2015(5):50-54.

[94] 尤琳. 契约理论视角下专用性投资激励研究述评[J]. 上海管理科学,2012(1):72-75.

[95] 尹焕三. 论混合所有制经济的组织特征及构造机理[J]. 理论前沿,2004(3):19-22.

[96] 尹怡梅,刘志高,刘卫东. 路径依赖理论研究进展评析[J]. 外国经济与管理,2011(8):1-7.

[97] 燕志雄. 不完全合同、控制权与企业融资[M]. 北京:经济科学出版社,2012.

[98] 张维迎. 公司融资结构的契约理论:一个综述[J]. 改革,1995(4):109-116.

[99] 张维迎. 信任及其解释:来自中国的跨省数据调查[J]. 经济研究,2002(10):59-70.

[100] 张维迎. 信任及其解释:来自中国的跨省数据调查[J]. 经济研究,2002(10):59-70.

[101] 张维迎. 博弈论与信息经济学[M]. 上海:格致出版社,上海三联书店,上海人民出版社,2012.

[102] 张维迎. 理解公司——产权、激励与治理[M]. 上海:出版世纪集团,2014.

[103] 张维迎. 产权、政府与信任[M]. 上海:三联书店,2001.

[104] 张喆,贾明,万迪昉. PPP背景下控制权配置及其对合作效率影响的模型研究[J]. 管理工程学报,2009(3):23-29.

[105] 张文魁. 混合所有制的股权结构与公司治理[J]. 比较管理,2014(2):6-7.

[106] 张文魁. 混合所有制的公司治理和公司业绩[M]. 北京:清华大学出版

社,2015.

[107]张军民. 混合所有制与国有企业产权多元化改革[J]. 企业改革与管理,2014(6):4-4.

[108]张卓元. 混合所有制经济是什么样的经济[J]. 求是,2014(8):29-31.

[109]张斌,嵇凤珠. 股份制衡与混合所有制改革:基于特质信息释放效率的视角[J]. 江海学刊,2014:92-96.

[110]张莉艳,安维东. 国有零售企业混合所有制改革研究-基于沪深两市零售上市公司的实证[J]. 中国流通经济,2015(6):70-77.

[111]郑秀杰,杨淑娥. 提高我国企业声誉机制作用效率的对策研究[J]. 科技进步与对策,2010(8):114-119.

[112]赵晓雷. 国有大型企业委托-代理契约选择及模式设计[J]. 财经研究,1998(5):3-10.

[113]赵春雨. 混合所有制发展的历史沿革及文献述评[J]. 经济体制改革,2015(1):48-53.

[114]赵奇伟,张楠. 所有权结构、隶属关系与国有企业生存分析[J]. 经济评论,2015(1):54-65.

[115]朱敏. 混合所有制改革:模式与路径[J]. 中国新时代,2014(5):84-87.

[116]周任重. 契约理论发展演化与应用研究述评[J]. 改革与战略,2010(8):180-182.

[117]邹硕. 国有企业混合所有制改革对策研究[D]. 武汉:湖北工业大学,2016.